Numerología aplicada para niños
Niños felices, padres exitosos

Nelson Ramírez

Numerología aplicada para niños. Niños felices, padres exitosos.
© Nelson Ramírez
Primera edición, 2018
Reservados todos los derechos de esta edición para Nelson Ramírez. Rif: V066609193
Coordinación y producción editorial
Fredda Padrón
Corrección
Marcos Kirschstein
Diseño, diagramación y montaje
Franklin Rodríguez
Ilustración y diseño de portada
Domingo Díaz
Depósito legal: Dc2017002975
ISBN: 978-980-12-9939-4

Queda rigurosamente prohibida cualquier forma de reproducción, distribución, comunicación pública, distribución parcial o total de esta obra sin permiso del titular de la propiedad intelectual. La infracción de los derechos mencionados será sancionada según lo estipulen las leyes.

Introducción

¿Quiénes somos? ¿Por qué estamos aquí? Son las grandes preguntas que la humanidad se ha hecho a lo largo del tiempo. Ciencia, religión, misticismo, alquimia, metafísica, etc. Todas las disciplinas desarrolladas por el hombre tienen en un nivel básico la intención de responder estos cuestionamientos. Pero con el correr de los años me he dado cuenta que estas pretensiones están alejadas de la realidad.

Yo soy un numerólogo. Al estudio de los números y su significado he dedicado mi vida, pero he descubierto que no existe una sola verdad, una sola respuesta. Hay variables que modifican el orden del universo y el orden de nuestras vidas. No puedo tener todas las respuestas, aunque puedo ayudar a los otros a entender sus decisiones y al destino que estas los llevan. Mi intención es ayudar a todas las personas a través de mi conocimiento, es por esa razón que he escrito este libro.

Además, hay algo que nos causa más incertidumbre que nuestro propio destino: el de nuestros hijos. Todos hemos pasado o vamos pasar por el maravilloso momento de ser padres. Pero con la felicidad viene atada la responsabilidad y es con esta que surgen las dudas: ¿Seré un buen padre o madre? ¿Estaré preparado? ¿Qué debo hacer si mi niño se porta mal? ¿Qué debo hacer si mi niño se porta bien?

Todos trataremos siempre de hacer lo mejor para nuestros hijos. Yo mismo he pasado por estas dudas y encontré en la numerología un instrumento valioso para superar muchas situaciones en las cuales no sabía qué hacer. En este libro me enfoco en dar a conocer todo el potencial que tienen los niños según su base numérica, pero también en dar las recomendaciones necesarias para enfrentar los desafíos que suponen algunos comportamientos. El análisis de su energía y personalidad es imprescindible para tener éxito.

No todos los niños van a actuar igual en determinada situación y de allí que según la vibración energética de cada número podamos tomar diferentes enfoques. Los niños excelentes provienen de ambientes excelentes, ellos pueden tener una base numerológica sublime, pero si no les proporcionamos las herramientas necesarias podrían desequilibrarse y no alcanzar sus sueños. Nuestro deber es formar seres de luz, sin ir en contra de la naturaleza propia de los pequeños.

Debemos estar conscientes que la formación del carácter de los niños se da en sus primeros siete años de vida, la información que te proporcionaré aquí está dirigida a este período. Aunque también daremos pistas sobre comportamientos futuros y mucho de lo descrito nos puede servir para encausar a niños más grandes. No obstante, debemos tomar en cuenta las condiciones de vida de los pequeños para poder hacer interpretaciones acertadas.

La observación será una herramienta imprescindible para responder nuestras interrogantes. Debemos ver cuáles son las tendencias en el comportamiento de los niños a los cuales realizamos el estudio para poder determinar el curso de acción. Es importante examinar el significado de los números siempre teniendo a mano la realidad, solo así podremos tener una concordancia justa a la hora de tomar las decisiones.

La idea es tener una noción amplia sobre las conductas de los chicos de manera individual y grupal. Este es un punto útil para docentes, trabajadores sociales, personas que manejen grupos grandes de infantes y familias numerosas, pues, vamos a adquirir la capacidad de analizar el nivel energético de los chicos, cosa que nos ayuda a organizar espacios (tales como el salón de clase), y a equilibrar equipos de trabajo para obtener más efectividad a la hora de realizar actividades académicas, deportivas, recreativas y artísticas.

Para entender un poco mejor lo que propongo en este libro te traigo dos ejemplos muy claros:

Introducción

En la primera situación tenemos a dos niños de la misma edad. Ambos aprenden baloncesto, a los dos les encanta y trabajan a lo largo de su vida para ser mejores en ello. Sin embargo, uno es bajito. Tiene la proyección de medir por genética un metro sesenta de estatura. En cambio el otro niño es alto, puede llegar a medir un metro ochenta de estatura. Los dos tienen las mismas habilidades, pero lo cierto es que las probabilidades de ser un jugador profesional en el futuro se inclinan hacia el chico de más altura y aun así podría nunca ser un famoso profesional.

Aquí existen posibilidades, pero hay que enfrentarse a la realidad y lo mismo pasa con la numerología. Te muestra los puntos fuertes de tu hijo, mas no debes llevarte por las fantasías que esto provoque sobre su futuro. Para tener éxito hay que trabajar en el ahora. El chico que no logre ser basquetbolista profesional no debe vivir frustrado por falsas expectativas, ya que él es un ser humano complejo, con muchas facetas. Hay que brindar estimulación para buscar otras cosas que le apasionen y es allí cuando los padres son fundamentales. Su deber es guiar a los hijos, desarrollar su potencial real, no ilusiones.

Por otra parte, podemos enfrentarnos a la segunda situación. Julio es muy proactivo y competitivo, uno de los mejores del salón. En cambio, Daniel es retraído, siempre está en su mundo y los maestros no saben cómo incorporarlo las actividades de la clase. En su casa Daniel es otro, le gusta jugar, cantar y pintar. Sigue siendo introvertido, pero siente la libertad de expresarse. Mientras que Julio en casa es muy callado, no hace otra actividad más que ver televisión todo el día. Hay una gran diferencia de comportamiento entre los infantes según el ambiente en el que se encuentren.

Ninguno es mejor que el otro, simplemente tienen formas de pensamiento y comportamiento distintas. Como padres y maestros debemos tomar en cuenta sus intereses, en las actividades que destacan y en las que no para enseñarlos a sacar provecho de sus capacidades. Hay que dejar de comparar a un niño con otro, pues, el éxito no se da en una sola área de la vida, hay múltiples formas de triunfar en la vida y ser feliz.

Si tomas seriamente el análisis de la numerología para los niños, te aseguro que podrás sacar a tu hijo adelante y tener una vida familiar en armonía. Recuerda siempre que los buenos hijos serán buenos padres, esa es una ley de vida.

Parte I
Los fundamentos

La numerología

Este libro fue creado como una guía para padres interesados en ayudar a sus hijos a través de la numerología. Pero sé que algunos de ustedes se preguntaran ¿Qué es la numerología? ¿De dónde proviene? ¿Cómo funciona? ¿Es un remedio mágico? ¿Por qué es importante? ¿Por qué me va a beneficiar a mí y a mis hijos?

En términos generales la numerología es una disciplina que estudia los números y su trascendencia, lo importante de ella es que podemos usarla como una herramienta para ayudarnos a descubrir el potencial oculto en nuestro ser. Los números nos hablan del universo y mediante su estudio podemos entender nuestro mundo exterior e interior. Si lo hacemos bien, podremos ver reflejado nuestro presente, por eso es instrumento del autoconocimiento, además partiendo de esta información podemos proyectar un futuro, de allí que la numerología sea considerada un arte adivinatorio.

Esta disciplina no es nueva, nos ha acompañado a lo largo de la historia de la civilización. Podemos remontarnos al 530 a.C con el primer matemático y filósofo Pitágoras, la mayoría lo recordara por el teorema de Pitágoras que aún hoy se enseña en el bachillerato, él pensó que el universo debe su armonía a los números. Los números están en la esencia de todas las cosas, por lo tanto inciden en los seres humanos, vibran con la energía del hombre y dichas vibraciones pueden ir en un sentido positivo o negativo.

La numerología Pitagórica es importante porque nos da las bases, las primeras relaciones entre los números y el carácter de las personas. Pero en este libro no he querido quedarme solo con esas definiciones, pues, a lo largo de mi vida me he dado cuenta que con solo conceptos no podemos construir nada provechoso. Esa es la razón que me llevo a estudiar otras formas de numerología que han surgido en otras culturas. Creo firmemente que enriquecen la numerología actual.

La información que te proporciono en este libro está influida también por la numerología hebrea. El pueblo judío es también muy antiguo y mediante la Torat[1] ha desarrollado por generaciones una manera de entender el carácter de la gente. Para ellos la relación de energética de las palabras viene dada por los números, debe existir una unión entre los números para que las palabras den resultados positivos o negativos. Esto quiere decir, que los números pueden influirse unos a otros, de forma que cambian la energía y esto se extiende a la manera en que nos influyen.

Este es un principio importante para mí, pues mi experiencia me ha llevado a notar que un solo número no te define, te puede dar una guía, pero es el conjunto lo que cuenta, ya que los seres humanos son la suma de un todo, somos criaturas complejas. Es significativo recordar esto en relación a nuestros hijos, si bien sus comportamientos pueden ser más sencillos en comparación con los adultos, siempre hay raíces ocultas dentro de sus personalidades, son pequeños humanos con complicaciones y pensamientos propios.

Por último, quiero hacer referencia a la numerología china, más antigua que la occidental, alcanza su datación a unos 4.000 años. Como toda numerología se basa en la energía, pero le suma un elemento importante: el orden de las cosas. Sus cálculos se basan en estudios muy amplios, donde cada número tiene una diversidad de significados según el ámbito de la vida en la que se encuentre. Aquí no nos aferramos a una sola sumatoria, sino a una variedad. Al tomar en cuenta varias facetas de la vida, tienen una mayor cantidad de interpretaciones, pero lo substancial es que buscan ayudarte a encontrar los espacios positivos y negativos de tu vida para que puedas hacer elecciones. Si bien, todos nacemos con un destino, son las elecciones lo que determinara cómo lo cumplimos, así se llega al orden de las cosas, pues todo se genera mediante la causalidad, no la casualidad.

La mayor dificultad que encontré a lo largo de mi carrera fue precisamente la anterior, esa en la que la numerología china se

---

1 *Texto religioso judío que contiene todas las leyes y fundamentos del judaísmo.*

enfoca tanto: cumplir un destino. Podemos tener un destino determinado por los números, pero eso cualquier numerólogo te lo puede decir. Lo complicado es dejar atrás las premisas bonitas para enfocarse en cómo nuestras decisiones, nuestro contexto y el momento influyen en ese destino. Con esto me refiero a que he aprendido a trabajar las realidades, no los conceptos. Las diferentes escuelas de numerología que nombre no son en vano, me ayudaron y te ayudaran a ti a orientar el conocimiento como un compendio que puedes trabajar en la realidad de tus hijos.

Mi método se aferra al presente, a lo que tenemos ahora, no ha lo que podríamos tener. Trabajaremos con aspectos concretos, dejando atrás las generalidades. En ese sentido, debemos abrir nuestras mentes, no hacer como el avestruz que esconde la cabeza. Cuando queremos aprender de nuestra realidad y la de los niños no podemos pretender que todo sea una maravilla. Para lograr esto he creado algunos conceptos útiles que le facilitaran la comprensión de la Numerología de nuestros pequeños.

Para empezar tenemos lo que llamo **planos**: son las áreas que posee un ser humano para desenvolver en la vida y cada plano está influido por diferentes posturas energéticas. Estos se dividen a su vez en otros, pero los que debemos trabajar con los niños son los siguientes:

Plano físico o espiritual

Se refiere a lo tangible y también a lo intangible. De manera simplificada es la realidad, pero aquella que abarca lo que de verdad se tiene. Podemos incluir la manera en la que el niño actúa, además de su contexto socioeconómico y familiar. Un ejemplo para entenderlo mejor: puede que el niño naciera para triunfar, tiene un número ocho muy fuerte en su base, pero un número uno en su plano físico. Eso le traerá desequilibrio, pues el uno no obtiene el mismo tipo de éxito que el ocho. El pequeño con mucho trabajo y apoyo podría superar esto, pero se tiene que tomar en cuenta el contexto en el que vive. No es lo mismo nacer en una aldea de África que un suburbio de clase media en Estados Unidos. Suena muy duro, pero no podemos solo dejar volar nuestra imaginación, hay que poner los pies en la tierra, he allí la importancia del plano físico para el correcto desarrollo de los niños.

Plano mental

Aquí hablamos de la estructura de pensamiento. Hacia qué tipo de inteligencia tienden los chicos, pueden ser emocionales, racionales, lógicos, introvertidos o extrovertidos. No define completamente la personalidad, esos rasgos se forman mediante la experiencia, no obstante nos indicará como actuará el pequeño ante determinadas situaciones o en la resolución de problemas. Algo que lo ilustra muy bien, sería un conflicto por un juguete entre dos niños en una guardería: ambos quieren jugar con un peluche, sus amiguitos intervienen para ayudar con la discusión. Un número ocho es racional, por lo que con su palabra trataría de explicarles porque no deben pelear sino compartir, podría un tiempo de uso del peluche para cada niño. Un pequeño número cuatro no iría a las palabras, tomaría partido por alguno de sus amigos y acabaría involucrado en la discusión tratando de defender a su compañero.

El número base

Es tradicionalmente el plano que más se trabaja, nos indica hacia qué área de la vida está nuestro éxito. Se calcula sumando todos los planos. Hay que estar muy pendiente de esto, pues el éxito no es igual para todos y cuando alentamos a nuestros hijos a perseguir metas imposibles solo crearemos en ellos mucha frustración, cosa que les puede llevar a ser adultos deprimidos. Una muestra de esto es un niño número tres, este número se orienta hacia la familia, ese es su éxito, donde él va sentirse realmente realizado. Hacer un deporte individual lo asilaría, pero el deporte en equipo es ideal porque él se va a sentir bien con otros niños, no serán solo sus amiguitos, los va a ver como hermanos.

Zona de convergencia

Nos habla de cómo influye el plano mental al físico en la vida de los niños. Podemos describirlo con la frase: "Como pienso actuó, como actuó pienso." En el ejemplo que se menciona en el plano físico hablamos de un niño con mentalidad de ocho, pero realidad de uno. A ese pequeño hay que darle las cosas a medias, para que no sea tan soñador y aprenda a trabajar para obtener lo que desea. Además, hay que recalcarle que el éxito no se mide por el dinero, sino por otras cosas. Este niño mentalidad de ocho posee pensamientos de líder, pero el uno físico lo vuelve inseguro. Hay que fortalecer en este caso la mentalidad para que pueda explorar su calidad de líder.

Hay una reflexión que quiero dejar asentada en este momento: tenemos que enseñarles a los niños la autoaceptación y nosotros como padres aceptarlos a ellos. El triunfo en la vida no se mide por la cantidad de dinero, los logros académicos o profesionales que se acumule. El éxito es distinto para todos, puede provenir de tener una hermosa familia o simplemente de tener lo necesario para vivir. No todo es material y hay que reforzar en los chicos la búsqueda de cosas que los hagan felices a ellos, no a los demás.

Mi misión en la vida es buscar que los niños aprendan a través de la sana información. Esta la brindo a sus padres, quienes los deben alentar para lograr sus objetivos, descubrir sus talentos y capacidades. Recordando que en la familia debemos ser humildes y buscar instrucción constante para gestionar nuestras emociones. Como padres es nuestro deber ser conscientes de las circunstancias, hacernos cargo de ellas para exprimir todas las oportunidades, y así lograr pequeños equilibrados.

Método para calcular la numerología de los niños

Utilizaremos una forma de cálculo muy sencilla que consiste La Pirámide Numerológica. En esta se coloca la fecha de nacimiento del niño con día, mes y año. Luego sumamos los números entre ellos para tratar de obtener siempre un número natural entero. Si tenemos un 12, lo ideal es sumar 1+2=3. El 3 es el número con el que trabajaremos en la siguiente fase de la pirámide. Para los años es el mismo procedimiento, pero dividimos el número en cifras de dos: 1999 pasaría a ser 19 y 99, de nuevo súmanos los componentes de cada número 1+9= 10, al ser 10 un número de dos cifras procedemos a sumar sus partes 1+0= 1. Con el 99 sería 9+9= 18, 1+8= 9. Entonces del año obtendríamos dos números naturales.

Miremos nuestro ejemplo gráfico:

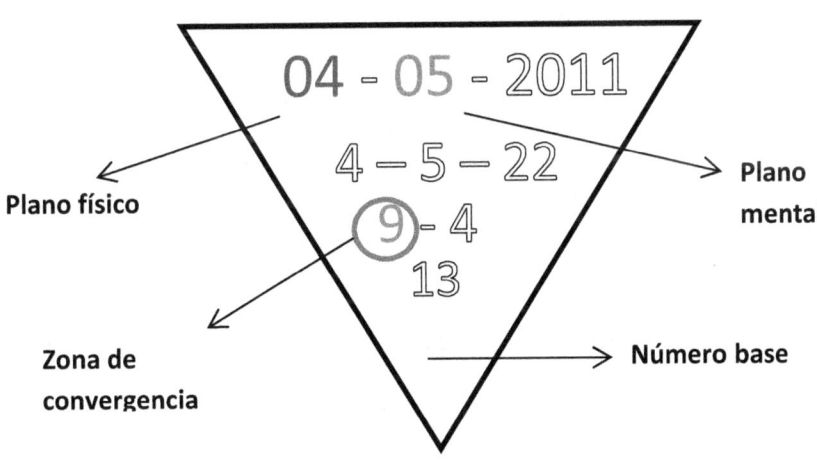

En principio tenemos la fecha 04-05-2011. Empezamos a descomponer los números. 04=4, 05=5, 2011= 20 y 11. 20= 2+0= 2. 11= 1+1= 2. La siguiente fila de la pirámide nos queda con 4-5-2 2. Sumamos el día con el mes 4+5=9 y el resultado del año 2+2= 4.

Sumamos los resultados 9+4= 13 como es un número de dos cifras lo descomponemos 1+3= 4. El cuatro es el resultado final y será nuestro número base.

Ahora ya tenemos los número que representan el plano mental, el físico, la zona de convergencia y el número base. Nuestra interpretación de los planos se basará en las características que cada número posea, pero debemos considerar su aplicación según el área que estamos visualizando. Dicho esto, puedo hacer una interpretación simple de este ejemplo.

En este caso el cinco en el plano mental representa la suerte, el niño tendrá una mentalidad aventurera, su pensamiento es abierto a las posibilidades y es bendecido. Por otro lado, el cuatro en su plano físico representa la destrucción o la muerte, este significado debemos tomarlo de forma metafórica, esto quiere decir que en su realidad tangible el niño va a presentar alguna tranca. En parte de su vida tendrá dificultades para salir adelante.

La sumatoria de estos planos nos lleva la zona de convergencia, representada aquí como un nueve. Este número nos habla de una inestabilidad y también de violencia. Podemos intuir que este niño tendrá muy buenas ideas, pero no la facultad o el ambiente adecuado para ejecutarlas con éxito; cuando no logre concretar lo que piensa tendrá reacciones inesperadas, cambiará de estado de ánimo de forma muy violenta. El cuatro en su base numerológica nos indica que el éxito del pequeño va venir en base al trabajo duro, será un niño de mucha curiosidad, perseverante y determinado. Sin embargo, hay que canalizar toda su energía porque, debido a su numerología completa, será un chico que sentirá que su suerte se va. Puede pensar que sus esfuerzos por conseguir algo no sirven. Esto es un gran peligro porque puede llevarlos a la depresión o a no aprovechar las oportunidades.

La numerología anterior es una bastante complica de llevar para los padres. Pero si somos contantes podemos hacer que los niños tengan un buen futuro. La situación me recuerda a una historia, donde se nota el esfuerzo de un padre por darle todo en la vida a su hijo, pero también de como a veces no somos agradecidos con lo que tenemos.

El árbol de la vida

Al principio del tiempo solo existían el sol, el cielo, la tierra y el mar. No había nada más, ni animales, ni plantas, ni hombres. Solo un gran árbol sobre una colina frente a una playa, tras él había unas enormes montañas desprovistas de vegetación. El árbol empezó como un pequeño brote, creció en soledad hasta alcanzar la madurez y en sus ramas empezaron a aparecer flores. Con el tiempo cada flor se convirtió en una semilla. El árbol amaba a cada una de su semillas, con ellas agarradas a su ser no se sentía solo. Hablaba mucho con ellas, las aconsejaba y las nutría con su savia. Un día la brisa muy fuerte meció sus ramas y las semillas se desprendieron esparciéndose por toda la tierra, el viento en un susurro traía hasta el árbol las voces de sus hijas despidiéndose. El Padre Árbol les deseó suerte.

Las semillas diseminadas pronto dieron fruto y el mundo se llenó de plantas verdes, flores y frutas. La tierra baldía se volvió hermosa. El Padre Árbol estaba orgulloso de sus hijas. El tiempo pasó, tanto que el árbol comenzó a sentirse solo otra vez, entonces nuevas semillas brotaron de él. Eran un poco más grandes que la última vez. También las alimentó con su savia, crecieron fuertes y hermosas. El Padre Árbol se preguntaba en que se convertirían esta vez, tenía muchas ilusiones puestas en ellas. Las semillas le decían que deseaban poder moverse y recorrer el mundo en lugar de quedarse en un mismo lugar. El árbol siempre les decía que si lo deseaban mucho podría cumplirse su anhelo.

Llego el amigo viento un día y se llevó a las semillas por el mundo, emocionadas se despidieron de su padre. Cuando lograron florecer en lugar de raíces y hojas tuvieron patas, ojos y boca. Se convirtieron en los animales que habitan la tierra. El Padre Árbol estaba muy feliz porque ahora el mundo era un lugar lleno de vida. Pero notó que en una de sus ramas quedaba una semilla, ella se aferraba a él con toda su fuerza.

-¿Por qué no te has ido con tus hermanas, hija mía?- Preguntó. La semillita temblaba y le dijo que quería estar con él un poco más. No se sentía preparada para ver el mundo. El Padre Árbol le sonrió y dejo que se quedará. Estaría acompañado un tiempo más. Ambos conversaban mucho sobre todo lo que había cambiado el mundo desde que el Padre árbol estaba solo. La semilla poco a poco creció, absorbió la savia y conocimiento de su padre y se hizo más inteligente. Siguió pasando el tiempo y el padre veía que la semilla no tenía intenciones de irse así que le pregunto nuevamente por qué aún estaba con él.

-No lo sé, siento que me falta algo para desprenderme de ti padre.- dijo la semilla. El Árbol pensó en una solución. Le ofreció parte de su energía vital, de su núcleo, la semilla lo absorbió. No se fue muy lejos, cayo a los pies de su padre y allí creció hasta tener dos piernas, brazos, manos, cabeza y pies. Era un ser humano. Vio a su padre, le dio las gracias y se sentó en la colina. De vez en cuando daba paseos aventurándose al bosque, pero siempre volvía a dormir a los pies del árbol.

El gran árbol se hizo un poco más viejo porque perdió parte de su energía vital, pero no le importo, al menos su semilla se había transformado. El hombre parecía no tener un objetivo en su vida, no sabía qué hacer y se tornó inquieto. El Padre Árbol le preguntó qué le pasaba.

-Quisiera construirme una casa para vivir, pero no sé cómo hacerlo.- dijo el hombre. El árbol le ofreció sus ramas, su madera haría una casa fuerte. Así que el hombre corta las ramas de su padre para construir una casa. La construyo cerca de la playa, el árbol podía observarlo desde la colina. Pero el hombre no salía mucho de su nuevo hogar, no inventaba, no crecía o recorría el mundo multiplicándose como sus hermanos las plantas y animales. Así que su padre nuevamente lo llamó.

-Padre, estoy inquieto. Siento en mi corazón que este no es mi lugar. Me llama el mar, creo que debo cruzarlo para ser feliz.- dijo el hombre. El Padre Árbol lo meditó y le dijo que usara su tronco para construir un gran barco y cruzar el mar. Así lo hizo el hombre: cortó a su padre e hizo un barco con su tronco. Logró llegar a otras tierras y allí se sintió en tranquilidad.

Sin su padre para guiarlo pasó mucho trabajo en las nuevas tierras. Solo con sudor y trabajo duro logró tener un refugio y comida para vivir. Al fin pudo reproducirse y tener una familia. Pero cuando sus hijos crecieron procuró no darles todo lo que le pedían, porque recordaba el gran sacrificio que hizo su Padre Árbol, cómo no lo apreció verdaderamente y cuánto lo extrañaba.

Este relato nos habla del sacrificio de los padres por los hijos, cómo a veces vamos hasta un extremo de darles todo sin pensar en las consecuencias. Debemos ser como el padre árbol, comprensivo y entender que no todos los niños tienen el mismo ritmo de crecimiento. Sin embargo, no pueden estar bajo nuestra ala para siempre debemos darles las herramientas para enfrentar el mundo con realidad. Además, no siempre los padres son responsables de las acciones de sus hijos. La responsabilidad es compartida y los niños toman sus propias decisiones. Lo que debemos es educarlos para que puedan asumir las consecuencias de sus elecciones.

Parte II
El significado de los números

El significado de los números

Número 1

Representa a Dios el creador, al hombre, la perfección del universo del universo, ángeles y arcángeles.

Características generales

Los niños regidos por esta numerología tienen mucha energía, los reconocemos porque, desde que aprenden a caminar, corren de un lado para otro dentro de la casa. Son inteligentes, osados, profundos e ingeniosos. La curiosidad es otra de sus características natas, la cual viene dada a partir de esa abundante energía que los define. Por eso, siempre están escudriñando por todos los rincones a ver qué encuentran. Suelen ser chiquillos con mucha imaginación, unos soñadores empedernidos que gustan de escuchar cuentos e historias. A medida que crecen también empiezan a crear las suyas propias.

Les gusta relacionarse con otros niños, crean muchos lazos de amistad. Son buenos escuchando y eso les da la cualidad de ser también buenos consejeros. Su energía les lleva a animar a los demás, cuando les ven en situaciones de tristeza.

Algunos rasgos negativos son que pueden ser un poco intolerantes con otros niños, obstinados y dependientes, no les gusta estar solos, pues son muy inseguros de sí mismos.

Sus particularidades les pueden llevar a desempeñarse muy bien en la Arquitectura, el Diseño Gráfico, el Teatro, pueden ser grandes artistas de la actuación, la Comunicación Social y la Psicología, esta última profesión les conviene porque son de corazones puros, nobles y sencillos.

Aspectos positivos para potenciar

Ya he mencionado su gran nivel de energía, esto los convierte en niños muy dinámicos porque necesitan quemar esa vitalidad. Si logran enfocarse en una actividad serán de los que terminan de forma rápida y acertada. Esta aptitud también los hará triunfar en la mayoría de los deportes. En este caso el atletismo es una buena opción para ellos, requiere mucho entrenamiento y disciplina.

Su carga extra de energía podría hacerlos chicos muy dispersos, sin embargo, cuando eligen una actividad o juego pueden concentrarse bastante bien, pues, toda la energía de la que hablamos la centran en un solo punto. Se convierten en niños con un gran nivel de introspección. Esto es algo que se puede aprovechar a la hora de estudiar. Son pequeños que van estar enfocados en aprender, sin hacer caso a las distracciones que pueda proporcionarles el ambiente.

Por otro lado, el uno se relaciona con la creación y el inicio de la vida, desde esta perspectiva podemos decir que los niños con esta base numerológica tienden a ser creativos. Pequeños de ideas fuertes con una imaginación infinita, son capaces de visualizar cosas que otros no pueden desde una temprana edad. Es por ello, que pueden ser grandes artistas (en cualquier tipo de arte). Es bueno incentivar este rasgo con moderación, ya que se transforman de manera fácil en soñadores, deben trabajar en ser concretos.

Lo anterior también potencia su sensibilidad, pueden ser muy empáticos, pues, logran entender lo que el otro siente y esto les lleva a tener un gran sentido humanitario; siempre van a ayudar en lo que puedan a sus amigos o personas que amen.

Aman más de lo que expresan, tienen mucha necesidad de amar y ser amados. Lo que les llevará a formar grandes grupos de amigos, son niños muy sociables. Es recomendable que hagan amigos, si se encuentran solos es probable que se tornen tristes.

Aspectos negativos para cuidar

Por cada pro existe un contra, así mismo pasa con las características de personalidad de nuestros hijos. Si tomamos la inmensa energía que posee el uno y la enfocamos, tendremos un niño que será capaz de realizar cualquier cosa, pero si esa voluntad se encuentra en caos tendremos un chico hiperactivo, difícil de controlar tanto en el hogar como en las aulas.

Hay que cuidar el ambiente de los niños y darles actividades para realizar, si bien, el ejercicio les hará quemar su energía física también se debe estimular su mente con actividades creativas. Ser tan soñadores los lleva a pasar de una meta a otra, sin alcanzar ninguna. Por este motivo, debemos educarlos para lograr objetivos concretos, esto solo será posible implementando la disciplina en el hogar.

Es importante no cortar su creatividad. Comentarios desacertados por parte de los adultos pueden castrar su imaginación, lo que les lleva vivir por inercia, pues, desconocen su fuerza interior. Si les gusta pintar, es mejor dejarles hacerlo porque cuando no los dejamos imaginar y expresarse pierden su autoestima, llevándolos a la depresión y en algunos casos a una dependencia absoluta porque se tornan indecisos. Este tipo de comportamiento a la larga deriva en un adulto que no sabe lo que quiere y para cubrir esta carencia se vuelven orgullosos o vanidosos.

Este último aspecto hay que cuidarlo mucho porque son niños con sensibilidad, lo que se traduce en chicos más emocionales que racionales. Si no tienen equilibrio pueden tener trastornos depresivos, además la falta de contacto con otros niños los puede convertir en personas muy lentas, con tendencias repetitivas y sin confianza en sí mismos.

Recuerda que son niños con gran capacidad creadora y por lo tanto, muy buenos mentirosos. Para evitar esto hay que ser ejemplo vivo para ellos, no explicar las cosas con metáforas o historias. Hay que ejercer una comunicación directa, puesto que, de otra manera solo estaremos potenciando la tendencia a explicar todo a partir de historias inventadas.

Para tener en cuenta

Los niños con esta base numerológica poseen algunas aptitudes que debemos considerar a la hora de educarlos. No son simplemente aspectos positivos o negativos de su número base, sino comportamientos que forman parte de su naturaleza.

- Pueden jalar o golpear a otros, pero no de una forma agresiva. Esta conducta se da porque son muy insistentes cuando quieren algo, en general es jugar, y se enfocan en ello sin fijarse mucho en lo demás.
- Ya he hablado de su capacidad de introspección, de modo que hay que considerar lo que están haciendo en todo momento, en especial si están en la calle. Un situación muy común es que a la hora de jugar se encausan tanto en el juego que no van a considerar nada más; ni personas, ni el ambiente y, por ello, toman malas decisiones. Si juegan con un balón en la calle, lo lanzan y este cae al tráfico; el niño solo se concentrará en el balón y no verá los carros cuando lo vaya a buscar. Aquí encontramos algo alarmante: el niño puede ser atropellado, y es por eso que necesitan supervisión constante. La comunicación directa es la más efectiva, no hay que dar rodeos, es mejor dar razones específicas para explicar situaciones o decisiones. Son personas imaginativas que tienden a pensar en exceso las cosas y sacar conclusiones equivocadas. Si no pueden comer dulces hay que decirles el porqué. De lo contrario, creerán que no les dejan hacer lo quieren por simple capricho; lo que lleva pensamientos como: "Mi mamá no me deja", "mis papás no me quieren", "todo el mundo está en mi contra". Esto es peligroso porque son chicos que pueden caer en depresión. Así que hay que cuidar nuestro lenguaje y ser claros.
- Se deben crear doctrinas en ellos o más bien rutinas que les enseñen a pensar, ya que son muy emocionales. Hay que motivar el pensamiento lógico y racional: cuando cruzamos la calle debemos esperar a que cambie el semáforo de verde a rojo

y mirar hacia ambos lados, porque si no lo haces puede llevarte un carro.
- Los niños pequeños responden mucho a los patrones que rodean su día a día. Si el niño se acostumbra a oír mentiras, va a vivir con mentiras. No se les debe engañar porque creen fielmente lo que el adulto les dices. Cuando por la noche no quieren irse a dormir y les decimos la típica mentira blanca: "Duérmete o te va a llevar el Coco", ese niño creerá que es cierto. Entonces, comenzarán a presentarse miedos a lo hora de dormir. Desarrollaran esto debido a las mentiras y es, por ello, que hago énfasis en la comunicación directa con los niños que posean esta base numerológica.

Ambiente ideal

Lo que debemos hacer a la hora de decorar el cuarto del niño y, en general, todos los espacios donde pase el tiempo es que debe rodearse de colores neutros. Su cuarto puede tener paredes de color blanco o crema, ya que son tonalidades que calman el sistema nervioso. Si los sumergimos en ambientes con colores muy vibrantes como rojo o amarillo, podemos causarles hiperactividad. El equilibrio vendrá dado por el orden, su cuarto y la casa tienen que conservar una estructura definida. Esto les ayudará a crear rutinas a lo largo de los días. Cosa que les sirve para balancear su enorme energía, además es el primer paso para inculcarles disciplina. Hay que enseñarles que cada objeto tiene un lugar y debe conservarlo.

Actividades deportivas y recreativas

Es transcendental trabajar varios ámbitos para el completo desarrollo de los infantes, en este caso recomiendo las siguientes actividades:

En la parte física o ejercicio es necesario generar un desgaste de energía, lo que popularmente se conoce como "ponlo a hacer deporte para ver si se cansa". Es muy bueno para ellos, pero no es una solución a la hiperactividad. Detrás de tiene que existir una familia que lo apoye, que le enseñe una rutina y le proporcione conocimientos, pues, solo a través de este él podrá bajar su nivel de vigor. Por lo tanto, el Karate y el Kung fu son buenos ejercicios. Atletismo y Natación son también muy recomendados.

Luego está el apartado de la actividad intelectual. Son chicos que disfrutan pensar y fantasear, más allá de una tarea extracurricular es necesario que tanto hembras como varones puedan drenar su fuerza mental en tareas productivas. No solo les hará felices sino que pueden ser un complemento para una futura vida laboral. Lo mejor es la lectura, porque disfrutan de visionar nuevos mundos. El Ajedrez requiere mucha agilidad mental, ellos la poseen innatamente, pero también les ayuda a desarrollar disciplina y constancia. Tiene la armonía corporal de un bailarín, estamos en presencia de un artista de las tablas, actividades como el ballet y el teatro son buenas opciones para ellos.

En la parte espiritual

Son chicos muy susceptibles. No deben ser llevados a sesiones espirituales o seminarios, santeros, paleros, lecturas de cartas, etc. Tiene que llevar una vida alejada de estos elementos porque tiene gran sensibilidad espiritual y se pueden confundir. No podemos forzarlos en una religión particular. A través de la vida, las experiencias y el conocimiento ellos tomaran su propia decisión sobre este tema. Tiene la capacidad de ser grandes sacerdotes (de cualquier religión), profesores de Yoga o Reiki, mas no prosperaran si son obligados.

Son niños de luz y la oscuridad puede asfixiarlos, debido a esta condición los rituales negativos están prohibidos. Les pasa lo mismo que con la comunicación, esta no puede partir de lo negativo siempre debe ser desde lo positivo[2]. Tenemos que ser cuidadosos cuando hablemos de temas sobrenaturales, son niños pequeños, su

---

2 *Esto funciona con todos los niños e incluso los adultos, mas no se puede negar que existen personas que avanzan desde los comentarios retadores, pues, los ven como algo a superar.*

imaginación los hará pensar activamente en temas de ánimas, fantasmas, vampiros o demonios; para ellos serán reales y no una simple invención.

Otro factor para alejarlos de rituales se debe a que creerán solo en misticismos y no en el esfuerzo. Ejemplo: voy a pasar un examen y para eso rezo o hago algún ritual, cuando las cosas se consiguen en la vida mediante el trabajo duro, si tiene un examen debe aprender que solo pasará si estudia.

Educación

Un niño con esta numerología debe tener disciplina a la hora de estudiar, y esta solo la obtendrá mediante una rutina establecida, tienden al caos debido a su hiperactividad. Además, esto les dará el control necesario para estar en un salón de clases. Deben aprender a seguir instrucciones. Aquí el esfuerzo de los padres es necesario, hay que crear una buena red de apoyo en casa para que a los chicos les vaya bien en la escuela. Son niños con los que la comunicación afectiva y directa funciona mejor. Comenzar en casa con actividades que involucren el juego para aprender letras y números les va bien a los número uno. Armar figuras con legos le ayuda a concentrarse y tener objetivos.

Relación consigo mismo y otros niños

Son niños creativos, son fantasiosos, crean algo en torno al ambiente. Hace castillos en la arena. Son niños de ideas. Hay que fomentarles ser concretos para que puedan realizar sus sueños. Sumergirlos en la realidad, cuando madure tendrá ideas pero sabrá que necesita ayuda para poder traer eso su vida. Sus relaciones las establecerán mediante la dependencia, pueden ser muy apegados tanto a la familia como a los amigos. Sus afectos más emocionales que racionales, no les gusta estar solos, así que buscaran rodearse de gente. Es posible que si no consiguen cariño en casa lo busquen en la calle.

Historias para reflexionar

La mariposa que voló antes de tiempo

En la hoja de un gran árbol había un pequeño huevecillo blanco. Un día el huevecillo se empezó a mover de un lado a otro y de él salió una diminuta oruga. La oruguita estaba sola en el mundo, pero algo dentro de ella, un sexto sentido, le dijo: Debo comer y crecer para transformarme en mariposa. Ese es mi destino. Así la pequeña, por instinto comenzó a comerse la misma hoja en la que había nacido. Cuando termino siguió teniendo hambre, poco a poco se arrastró por el árbol hasta alcanzar otra hoja. Pasó el tiempo y se sintió muy cansada, entonces supo que era hora de dormir, busco un rincón tranquilo y allí durmió. Al amanecer abrió los ojos y continúo con su tarea de comer, siempre pensando en su sueño de ser mariposa.

Los días pasaron. La oruga cada vez era más grande y comía más. Hasta que llegó el momento que su corazón tanto anhelaba, su cuerpo empezó a cambiar, ya no podía moverse más y con sus patitas comenzó a tejer un refugio con hilo de seda. Una vez estuvo listo, ella durmió con la esperanza de que al despertar sería una mariposa. El amanecer y la noche transcurrieron, un día daba pasó a otro mientras la oruga dormía en su capullo, esperando el momento, siempre soñando y anhelado ser mariposa.

Su deseo se cumplía lentamente, sus patas se alargaron, su cuerpo se hizo delgado y de él brotaron alas, la metamorfosis ocurrió sin que nadie lo notara. La oruga despertó, y supo que ya no era tal, al fin se había convertido en mariposa. Sintió sus alas aún encogidas y húmedas dentro del capullo, supo que podría volar. Ahora ese era su sueño, su destino. Con mucho trabajo hizo un agujero en la crisálida, primero solo pudo sacar las patas, luego su cabeza y empujó para sacar todo su cuerpo. Otra hoja del gran árbol veía su renacer, estaba ansiosa, era una mariposa y como tal quería echarse al vuelo. Trato de extender las alas, pero aún las tenía encogidas por el esfuerzo de salir de la crisálida y no eran lo suficientemente fuertes para sostenerla.

Así que espero que el sol las secara, probó una y otra vez moverlas sin éxito, estaba tan ansiosa, su corazón latía a mil por hora. Ya había esperado tanto, quería alcanzar su sueño, su destino y en un arrebato se lanzó al vuelo con las alas aún encogidas. La recién nacida supo que había cometido un error, pues sus alas no pudieron sostenerla en el aire y cayó al vació.

Sin embargo, la naturaleza fue benevolente. Las ramas del gran árbol se extendían bajo la hoja de nuestra mariposa, todas las ramas estaban cargadas de muchísimas hojas que amortiguaron su caída. El golpe fue fuerte, pero la pequeña pudo resistirlo. Al verse todavía con vida, reflexionó nuevamente sobre su sueño, lo ansiaba tanto que no pensó que fuera imposible, pero la realidad es que no pudo alcanzarlo. Ahora, gracias a su padre el árbol que la vio nacer y alimento con sus hojas tenía una nueva oportunidad. Se levantó y extendió tanto como pudo sus alas, el sol las besó, con el tiempo se desplegaron y endurecieron. La mariposa se hecho al vuelo otra vez y al fin pudo volar.

Moraleja: El cuento nos remite a los sueños irreflexivos, si los niños se lanzan a la aventura sin pensar el fracaso será lo que se obtendrá como recompensa. Por eso, es importante preparar a los niños de numerología uno para que no se lancen a la aventura sin fin, sino que tengas metas y objetivos concretos para ser exitosos en la vida. Los padres son los responsables de inculcar disciplina para que estos niños tan activos no fracasen y logren concretar todas sus metas.

La mariposa que soñó antes de pensar

En el patio de una casa había un árbol de frondosas ramas. En una de esas ramas cubiertas de hojas, estaba la más verde de todas las hojas y sobre ella vivían dos oruguitas. Eran hermanas nacidas allí, en ese mismo lugar. No había dos orugas más soñadoras que ellas. Todos los días salían, dejaban muy limpia sus hojita e iban a otras, a comer para poder crecer. Y es que ese era el sueño de ambas, como lo es de todas las orugas: crecer mucho, para poder tener energía y transformarse en mariposas.

Estar acompañadas era una bendición porque en lugar de pasar el día comiendo y pensando en su destino, podía conversar. Tejían con palabras, interminables cadenas de fantasías. ¿Cómo sería su transformación? ¿Cómo serían sus alas? ¿Qué tan lejos podrían volar? ¿Qué hermosos lugares conocerían? ¿Cuántos nuevos amigos podrían hacer? De esa forma pasaban el tiempo. Hasta que les llego el momento de madurar, lo sintieron en todo su cuerpo. En su casa, la hojita más verde del árbol, comenzaron con sus hilos de seda hilar unos capullos, se metieron en ellos y se durmieron.

Más tiempo pasó y con él las extremidades de las orugas cambiaron. Ya no eran rechonchos gusanos, sino delgados insectos de patas estilizadas y en sus espaldas alas. Despertaron al mismo tiempo de su hibernación, con mucho esfuerzo salieron de sus capullos para ver nuevamente el cielo. Sus nuevos ojos notaron que una era amarilla y la otra blanca. Sus patas se tocaron en saludo, no hablaron. Luego de descansar de la ardua tarea de su metamorfosis, extendieron sus alas y el viento las levanto con facilidad.

Con el cosquilleo de la brisa en sus caras, sus pechos se hincharon con una sensación de plenitud y rieron juntas. Al fin habían cumplido su destino. Volaban sin límite, se alejaban de la hoja que les vio nacer, era hora de probar nuevas aventuras. Cuando se alejaban del árbol, el cielo se oscureció y los truenos se hicieron presentes. Las recién nacidas mariposas nunca escucharon nada igual. Gotas de agua las cubrieron y no tuvieron más remedio que batir con fuerza sus alas para llegar a una ventana, allí se refugiaron de la lluvia.

Las dos se sentían muy asustadas, el agua ponía pesadas sus tan deseadas alas, si seguía lloviendo no podrían ir más lejos del árbol. Las horas pasaron, crecía su ansiedad. El nudo en el pecho de la mariposa blanca le cortaba la respiración, ella quería volar, quería conocer tierras nuevas, quería ver todo con lo que había soñado y, en un acto de irreflexión, se echó al vuelo. El agua la arrastró de un lado a otro aún en el aire, le era imposible mover sus alas. La mariposa amarilla lloró por el sufrimiento de su hermana y con un grito ahogado la vio caer al pie del árbol de dónde no volvió a levantarse.

La mariposa amarilla lloró largas horas, no podía creer que había perdido a su hermana. Todas sus ilusiones se vieron destruidas.

¿Qué voy a hacer ahora? Se preguntaba, ¿debo lanzarme a la lluvia también? Mientras pensaba en esto y en su pena la lluvia se detuvo y el sol golpeo en su cuerpo, secando todo rastro de agua. La mariposa amarilla al sentir el calor volvió su cara al cielo, luego miro a su hermana muerta al pie del árbol y supo lo que debía hacer.

Voló tanto como pudo, dejó que sus sueños la guiaran, pero tomó la precaución de no alejarse de su casa. Supo que debía establecer su hogar en su árbol, conocer lo que pudiera del mundo pero planear el futuro, pues, si no pensaba entonces, su destino sería caer sin cumplir sus sueños.

Moraleja: Debemos pensar antes de actuar. En los demás podemos encontrar un ejemplo para cambiar el rumbo de nuestras vidas.

Número 2

Representa a la Virgen María, a la mujer compañera del hombre, la dualidad, los géneros masculino y lo femenino.

Características generales

Los niños con numerología dos se caracterizan por ser duales, son en unos momentos tranquilos y en otros explosivos. Representan las dos caras de una misma moneda. El poder de la observación es su gran habilidad, lo que les permite adaptarse a muchas situaciones de manera fácil. Así como ven todo lo que les rodea también escuchan, esto los dota de excelentes habilidades sociales, serán amigos de todos porque saben escuchar. También tienen la habilidad de ser organizados y calculadores, son buenos para trazarse planes. Otro elemento que les define es su sed de conocimiento. Pueden aprender de sus experiencias, pero los libros infantiles y de texto serán otros grandes aliados para nutrir sus cerebros en formación. Son sensibles hacía los demás, pueden discernir muy bien los sentimientos de otros, lo que les lleva a tener una enorme empatía.

Entre sus rasgos negativos podemos encontrar su crueldad, no suelen medir las cosas que les dicen a otros niños. Además no olvidan las ofensas, así que trataran de vengarse de aquellos que les hagan mal o quiten sus juguetes. Pueden llegar a ser malévolos, muy concentrados en sí mismos y no tener paciencia.

La imitación es para lo que están realmente dotados, de esa forma es que aprenderán casi todo en la vida; por ello, las carreras que puedan explotar esta cualidad serán las más idóneas. Pueden inclinarse por la Comunicación Social, las artes en general, el Teatro y la Danza será un buen camino.

Aspectos positivos para potenciar

Son chicos con mucha curiosidad, siempre están pendientes de lo que pasa, esto les lleva a ser detallistas y tener una gran sed de conocimiento. Podemos aprovechar esta ventaja para convertirlos en alumnos excelentes. Por si mismos no van a logran grandes metas académicas, pero si los alentamos tomarán el impulso necesario para realizarlas.

Se adaptan muy bien a los cambios. Podemos moverlos de escuela y conseguirán integrarse fácilmente a un nuevo grupo. Esta capacidad les permite realizar diversas actividades sin sentirse incomodos. Intentar diversas actividades recreativas o familiares no será problema, las aceptarán y tratarán de hacerlas lo mejor posible. Hay que estar pendiente de lo que hacen, al igual que con todos los niños, aunque ellos suelen estar más atentos a su entorno que los número uno. Es poco probable que siga una pelota hacia el tránsito de una carretera que otros niños. Suelen evaluar muy bien los riegos de sus acciones, pues son calculadores, planean todo lo que van a hacer. Los padres los identificamos porque son los pequeños que te cuentan todo lo que van a hacer en el día o lo que ya hicieron.

Su adaptabilidad también les dota de los modales precisos para cada ocasión, si los enseñamos sabrán comportarse en actos públicos, en el colegio o en la casa. Simplemente, hay que mostrarles mediante el ejemplo como deben actuar según la situación, prudencia es la palabra clave. Esto les beneficia porque baja los niveles de crueldad que puedan mostrar al hablar sin pensar con otros niños.

No les gusta estar solos, desde temprana edad estar en pareja es importante en sus vidas. Al ser pequeños, en edad preescolar, esto se manifiesta con la forma de un mejor amigo o una mejor amiga con la que siempre quieren estar. Su habilidad para entender a los demás los convertirá en grandes compañeros.

Aspectos negativos para cuidar

Su destreza para la imitación los hace vulnerables a las malas influencias. Hay que cuidar con quien se relacionan, porque pueden copiar aptitudes que no les son propias. Si se rodean de niños desobedientes, serán desobedientes. Ya que no les gusta sentirse solos. Restringir las amistades al completo no funcionará porque se deprimirán. Lo correcto es incitarlos a formar lazos con niños de los que puedan aprender cosas buenas.

Otra cosa relacionada con las amistades está en su temor a estar solos, un gran miedo para los niños con esta numerología. Si se sienten inseguros o creen que pueden perder a una persona harán lo que sea para evitarlo, lo que les lleva a aceptar muchas circunstancias con exagerada facilidad, pueden abusar de ellos y sus buenos sentimientos. Debemos hablarles de esto porque puede ocurrir que le haga la tarea todos sus amigos.

En cuanto a su carácter dual, este se puede presentar cuando en el exterior parecen estar muy tranquilos, de carácter dócil, pero en el interior son muy calculadores y están al acecho de las oportunidades para obtener lo que desean. Su dotada percepción los ayuda en este sentido, son los que saben todo de los demás; a veces no se contienen y sueltan toda la información de manera inapropiada, es decir: pueden ser muy chismosos. Son esos niños parlanchines que cuentan absolutamente todos los detalles de su día y de sus padres.

Sin embargo, cuando son muy pequeños este rasgo es natural en ellos y, por eso hay que comentarles que las habladurías o chismes no están bien, pueden sin querer llegan a herir a otros.

Si, por ejemplo, tenemos una niña muy detallista con la ropa. Es posible que un día haga un comentario respecto a la ropa de alguna compañera, si es muy imprudente podría decir algo como: "¿Por qué traes la misma ropa todos los días?" Es una frase que parece inocente, pero que implica una gran cantidad de información respecto a la situación socio-económica o familiar de la otra. Estos son temas muy sensibles, traen problemas tanto al niño como a los padres.

Todo esto debe a que por naturaleza los niños no miden las consecuencias de sus palabras y como resultado son crueles.

Es problemática su incapacidad para contener sus palabras. Deben pensar lo que dicen y no hacer sentencias definitivas. Podemos canalizarlos enseñándoles a leer las emociones de los otros, reforzando así su capacidad de empatía. La idea es hacer sonar lo que dicen como algo positivo que refleje interés por los otros. Tomando el ejemplo anterior, en lugar de preguntar el porqué de su ropa a la niña puede consultarle a su amiguita si se siente bien o si tiene algún problema con el que pueda ayudarla.

Para tener en cuenta

El número dos es de naturaleza tranquila, pero al igual que con todos los números es necesario contemplar la forma de llevar ciertos aspectos de su comportamiento y su entorno, por eso aquí tenemos unas recomendaciones extra:

- Son niños que están pendientes de todo lo que está pasando dentro de la casa. Escuchan, ven y recuerdan todos los acontecimientos. En ese sentido, debemos vigilar lo que decimos frente a ellos, pues junto a su capacidad de observación viene la necesidad de comunicar aquello que no deben.
- Una precaución: estar atentos a los adultos que los rodean, deben ser personas de bien y sin vicios. La tendencia a robar (cleptomanía), mentir o "las malas mañas" pueden ser imitadas con mucha facilidad.
- Los padres deben reflexionar cómo actúan frente al niño, pues, en una situación de estrés como: estar atrapado en el tránsito durante una hora. Un adulto puede perder la paciencia y empezar a gritar o insultar; es probable que su hijo actúe de igual forma cuando se enfrente a una situación de estrés. Los pequeños detalles cuentan; si somos desordenados, si pasamos cuando no es nuestro turno, los chicos absorberán estas actuaciones.

- Pueden adquirir conductas muy obsesivas, hasta llegar a compulsivos. Esto se produce porque cuando aprenden algo lo mantienen por siempre y pueden ser algo inflexibles a la hora de dejarlo.
- Cuando tiene hermanos, ya sean mayores o menores, tienen la tendencia a pensar que existe una preferencia hacia al otro y él es dejado en segundo lugar. Intentemos de dar el mismo trato a todos los niños porque pueden desarrollar rencor y celos hacia sus hermanos.
- Su mayor problema es que se meten en las conversaciones de los mayores, hay que enseñarlos desde pequeños para que sean más discretos.

Ambiente ideal

Al igual que el uno deben tener un cuarto en colores neutros, de preferencia blanco, crema o colores pasteles. El orden y la rutina a lo largo del día les sientan bien. Debemos evitar el caos porque esto los saca de balance y al tener varios días embrollados ellos imitaran. Lo que les lleva a ser desordenados con sus pertenencias, cosa que terminan extendiendo a todo su comportamiento. Eso sí, no debemos ser inflexibles con el orden, ellos tienden a conservar en su mente lo que aprenden de pequeños y si instauramos hábitos demasiado rigurosos pueden llegar a desarrollar un TOC[3].

Actividades deportivas y recreativas

En general son pequeños que pueden desarrollar actividades tanto físicas como mentales de manera efectiva. No quiere decir que naturalmente serán los mejores en ellas, esto solo sucederá si se esfuerzan lo suficiente, pero tendrán un desempeño aceptable. Para ejercitarse es recomendado que practiquen deportes donde la visión sea fundamental para perfeccionar las habilidades. El tiro con arco, el lanzamiento de martillo y el Golf son recomendados.

---

3 *Trastorno obsesivo compulsivo*

Para estimular su creatividad pueden dedicar horas extras al dibujo y la pintura. En general, las actividades que requiera inteligencia visual serán buenas, desarrollan sus talentos escondidos.

En la parte espiritual

La parte espiritual debemos activarla desde la perspectiva de la elección, el libre albedrio será importante para que en el futuro tengan una conciencia de lo que quieren ser. Si les obligamos a ser numerólogo, católico o budista, por el simple hecho de que nosotros lo somos, el niño se va a adaptar y, por lo tanto, no podrá encontrar su propio camino porque su interés por lo espiritual no es genuino. Pueden desarrollar grandes habilidades psíquicas, porque al ser visuales ven lo que otros no pueden, son esos niños que te dicen: "Mamá estaba jugando con mi amiga", pero cuando el adulto se fija no hay nadie más allí.

Como padres debemos buscar la manera de que desarrollen el canal energético que llevan dentro, son psíquicos en potencia y pueden trabajar el desdoblamiento espiritual. Esto es algo natural, pero solo si están interesados debemos llevarlos a enfocarse en ello, siempre desde su propia voluntad.

Educación

Es importante que esté en grupos de estudio reducidos para que pueda concentrarse. Si no es posible que esté en un aula con pocos chicos debemos tratar que el estudio en casa sea con pocos compañeros. Siempre tratar que los compañeros sean de excelencia académica porque así él también querrá ser excelente. El problema cuando está en grupos grandes es que no pueden concentrarse, siente que deben prestar atención a todo, no solo a la maestra.

Para activarlos positivamente debemos cuidar sus amistades, deben estar con niños alegres, tranquilos y estudiosos;

pues, tratarán de amoldarse a ese grupo. Hay que evitar a los niños muy impulsivos o de comportamiento disruptivo.

Los rompecabezas y los ejercicios con repeticiones le ayudarán mucho en las fases iniciales de la educación académica. Las matemáticas deben ser enseñadas con refuerzos visuales, el típico uso de paletas será de gran ayuda.

Relación consigo mismo y otros niños

La dualidad les da la capacidad de entender cómo piensan niños y niñas, sin embargo, cuando se encuentran en presencia de solamente hombres o mujeres tienden a confundir su propio género si no tienen el apoyo familiar adecuado. Recordemos que son chicos que imitan lo que ven, si están rodeados de muchas niñas o en un ambiente muy femenino los varones tendrán un comportamiento amanerado y pueden empezar a querer vestirse como niñas. Lo mismo ocurre con las hembras que pueden empezar a querer vestirse como niños. Lo ideal es equilibrar su ambiente para que ellos mismos decidan como quieren comportarse según su naturaleza y que no se dé esto por simple imitación.

Aunque hoy en día los psicólogos recomiendan que los chicos jueguen con lo que ellos prefieran, esto para evitar los roles de género. Pero a los padres de niños dos les recomiendo conservar el parámetro tradicional, ya que estos pequeños son imitadores y, por lo tanto, les cuesta descubrir cuál es su verdadero ser si tienen interferencias.

Cuando no tienen la orientación adecuada de niños se generan situaciones muy exageradas en la vida adulta; reconocemos este patrón en equipos deportivos masculinos, donde siempre existe un integrante que asume un rol divertido e imita a una mujer para hacer reír a sus compañeros. Esa persona es número base dos y ve este comportamiento como algo que lo hace especial. Aunque no es un defecto, esto puede encerrar un significado más profundo, pues, es la manera que hayan de integrarse, reflejando una baja autoestima, porque siente que si no llaman la atención de esa manera no serán aceptados.

Historias para reflexionar

Hay dos historias que me gustaría compartir y que nos invitan a reflexionar sobre el comportamiento de las personas con base dos.

Los lobos

Existió una vez una aldea muy pacífica al lado de un bosque. Sus pobladores eran bendecidos con agua fresca del río, deliciosa fruta de los árboles, una tierra fértil para cultivar, un suelo ideal para que pastara el ganado y, además, tenían unos fieles compañeros, sus perros. No solo les hacían compañía sino que ayudaban en la caza y a cuidar los terrenos de animales salvajes. Estos perros estaban muy bien entrenados, tenían grandes modales dentro de la casa y jamás osaban morder la mano de sus amos. A cambio tenían refugio, comida y cariño.

Pero no todo dura para siempre. Llegó un invierno muy crudo. Las casas, campos y caminos se cubrieron de blanca nieve. Todos los cultivos murieron, afortunadamente pudieron rescatar algo de grano para vivir. Las frutas y la caza se hicieron escazas. Casi todos los animales del bosque huyeron a las tierras del sur en busca de comida. El ganado y los alimentos almacenados eran la fuente de supervivencia de la aldea. Los perros tenían la tarea de cuidar todo esto de los bandidos que fueron apareciendo en la zona. Se sentían muy bien al ser los responsables de la seguridad.

El frio arreció y los animales del bosque terminaron por desaparecer. De las montañas comenzaron a bajar los lobos que se vieron faltos de presas. Una manada grande de lobos pasó cerca del pueblo y olfatearon el ganado. De inmediato se dirigieron a la aldea, tenían tanta hambre, no fue hasta que llegaron que notaron a los perros custodiando las reses. Los perros al verlos comenzaron a ladrar dando la alarma, pero los lobos eran más en ese momento y mientras unos peleaban otros lograron matar algunas reses.

Cuando llegaron los pobladores traían consigo a todos los perros del pueblo. Hubo una gran pelea, mordidas y ladridos de ambas partes. Los lobos huyeron con lo que pudieron llevar, mientras eran perseguidos al bosque por los perros. Una vez lejos del pueblo, el líder de la manada se dio vuelta y miro detenidamente a sus perseguidores que ya no les atacaban.

-¿Por qué solo nos espantan? Preguntó.- Ustedes son más y podrían matarnos si quisieran.

Los perros se detuvieron y le contestaron que ellos no eran perros salvajes, sino civilizados, que vivían y querían a los humanos por voluntad. El lobo líder se carcajeo.

-¡Míranos! ¡Todos somos animales! Ustedes han vivido mucho tiempo con los humanos y por eso, se creen parte de ellos, pero solo son animales. Dijo el lobo líder.

-Jamás seremos como ustedes. Respondieron los perros.- Deben irse si no quieren morir. Así los perros cercaron con sus cuerpos la entrada del pueblo hasta que los lobos corrieron lejos de su vista. Los fieles canes regresaron al pueblo junto a sus familias.

Los lobos huyeron con las presas que pudieron llevar, les servirían para vivir durante un tiempo. El lobo líder no podía dejar de pensar en los perros, tan parecidos a ellos, pero con un comportamiento tan tranquilo. Para él eso no era natural. Así que mandó a dos de sus lobos más sigilosos a espiar el poblado, quería estar informado de la vida en el pueblo, buscando otra oportunidad para atacar. Los días pasaron y los lobos consumieran sus provisiones. Lo que averiguaron los lobos no fue de gran interés, la vida de los perros en la aldea era muy pacifica, pues tenían comida y techo asegurados. Pero un día los lobos espías observaron algo muy curioso.

Las perras del pueblo entraron en celo. Los perros machos comenzaron a seguirlas y de vez en cuando tenían pequeñas escaramuzas por ellas, hasta las hembras estaban un poco más agresivas. Esto fue lo que le contaron al lobo líder y él comenzó a planear su venganza, esperarían allí el momento oportuno para atacar.

Luego de un mes, sucedió lo que tanto esperaba el lobo líder, las lobas estaban en celo. Al anochecer les ordenó que se acercaran al pueblo, así lo hicieron. Los perros del pueblo notaron un olor fuerte, un olor muy agradable para ellos. En grupo salieron a investigar, a seguir ese aroma atrayente, llegaron a las afueras de la aldea y allí encontraron a las lobas en celo. No pudieron contenerse y las rodearon, las cortejaron como a las perras. Sin embargo, las lobas corrieron al bosque. Los perros sin pensar las siguieron, solo seguían sus instintos querían estar con las lobas. Una vez dentro del bosque las lobas se detuvieron, les dijeron a los perros que debían ganar su amor y estos en frenesí comenzaron a pelar entre ellos.

El lobo líder apareció entonces, y se burló de los perros, pues habían caído en su trampa dejando al pueblo sin protección. Los perros no entendía lo que pasaba, no podían pensar por sí mismos, solo tenían mente para las lobas.

-Les dije que eran animales, miren los salvajes que son ahora.

Y sin más el resto de la manada atacó y devoró a los perros.

Moraleja: Los número dos pueden ser tan dóciles como los perros sin están en un buen ambiente o agresivos y malévolos como los lobos si crecen en circunstancias adversas.

Martha y Gabriela

En el patio de un preescolar se pueden ver niños jugando, corriendo o simplemente charlando entre ellos. Los pequeños son adorables, en sus mejillas sonrojadas se puede vislumbrar la inocencia o al menos eso es lo que intuye Martha, la nueva maestra del salón 3-1. Está muy entusiasmada por su nuevo empleo, los niños le encantan, son mentes que requieren amor y atención para ser el futuro. Ella lo cree de corazón y por eso eligió su profesión.

En la mañana fue conociendo a sus alumnos: Matías, tímido y de cabello castaño; Andrea, enérgica y de ojos pequeños; Manuel, rubio y alto; Gabriela, tranquila y de buenos modales, etc. Así fue repasando en su mente la lista, mientras los veía jugar, era su técnica para recordarlos. Se acercó para atender al juego de los niños. Estaban en un círculo armando casas con unos legos e inventando la historia de una familia que vivía en ella.

Entonces, aquel pequeño teatro sobre la familia cambió. Gabriela tenía a la figura del padre. El papá llega casa del trabajo, pero en lugar de saludar a sus hijos y esposa, explota en ataque de ira. Martha está asombrada. De la boca amable e infantil de Gabriela salieron las groserías más variopintas que ha escuchado, su florido lenguaje pondría en aprietos hasta al adulto más mal hablado. Pero así como inicia aquel particular saludo familiar termina, abruptamente. Parece que no ha pasado nada, estos hijos y madres ficticias están acostumbrados a esas palabras. Los chicos continúan con el juego amable y terminan por construir un nuevo edificio.

Martha abre mucho los ojos, su respiración se corta un momento y su memoria retrocede dos décadas. Gabriela le recuerda a ella misma. De pequeña también tenía esos pequeños arrebatos, porque sus tíos pasaban mucho tiempo con ella y no median su lenguaje, con el tiempo absorbió las palabras y empezó a repetirlas en todos lados.

Su pecho se estrujo, Gabriela era una niña tan amable que era una pena tuviera ese tipo de ejemplos. Martha comenzó a pensar en toda las dificultades que le trajo a sus padres, sus amiguitos rara vez la invitaban a fiestas, pues sus padres no querían que estuvieran con una niña tan grosera. Fue una chica solitaria. Así que comenzó a pensar una forma de ayudar a su alumna.

Al final de la tarde sonó el timbre, había terminado la jornada escolar y pronto aparecerían los padres en la entrada para buscar a sus hijos. Martha espera junto a la puerta y entrega uno por uno, deseándoles un buen día y asegurando que los vería la siguiente mañana.

Cuando llego la mamá de Gabriela, la maestra la saludo con normalidad y mientras deseaba un buen día la niña, le preguntó: Gabriela ¿por qué no le dices a tu mamá a que jugaste hoy? La niña respondió que había jugado a la casita con sus amigos y que ella era el papá.

Entonces, Martha la animó: ¡Qué lindo, verdad! ¿Cómo saluda un papá? La niña estaba tan entusiasmada por contarle a su madre que en un grito dijo exactamente las mismas palabras que en el recreo. El rostro de su madre se contorsionó y un rubor rojo se extendió desde su cuello hasta su frente. Otros padres e incluso maestras voltearon sorprendidos por las palabras. Cómo es posible que una niña de cinco años diga esas cosas, se preguntaban.

No hubo necesidad de explicar, la madre de Gabriela solo le dirigió una mirada a Martha y le preguntó que sugería para lidiar con el problema. Ella nunca pensó que su hija podría repetir las palabras que a veces salían de su boca y la de su esposo al llegar a casa, era pequeña que iba saber de esas cosas.

El consejo de Martha fue explicarle que algunos niños pueden copiar todo, que ella incluso fue así en su infancia y que reprenderla a gritos nunca funcionó. Toda la energía en casa debía empezar a girar en torno a algo positivo, colocar a la niña en teatro o danza cambiaria toda su aptitud. La madre prometió que pensaría en lo dicho.

Pasaron algunas semanas sin cambios, pero poco a poco Gabriela fue modificando ese comportamiento. Martha supo que el ejemplo en este caso fue la mejor solución, pues logró ayudar a la niña.

Moraleja: Los niños dos suelen imitar todo, hasta los malos comportamientos. Es mejor que cuidemos esto para no tener problemas mayores. Sin embargo, es algo que pueden superar y llegar a ser exitosos como Martha.

Número 3
Representa la familia y los hijos.

Características generales

Los pequeños más encantadores que conozcas probablemente pertenezcan a la numerología tres. Tiene una gran capacidad para la comunicación verbal y gestual, no existe otro número con tanta gracia y belleza. Lo más importante para estos niños es su familia. Esto deriva de la naturaleza del mismo, pues, el tres representa a la familia como trinidad: padre, madre e hijos. Les encanta hacer relaciones sociales, se les da bien hacer amigos porque pueden expresarse con simpatía. Esta habilidad y su gusto por la familia les llevan a crear relaciones fuertes, pero en las cuales les gusta dominar. Son niños a los que les atrae imponer su ley, pero por medio de la amabilidad. En un grupo son los que cuidan que los otros hagan las cosas correctamente, que estén bien o proporcionan cualquier clase de ayuda. Las niñas suelen jugar asumiendo el rol de la madre.

Entre sus rasgos negativos podemos encontrar que son muy dominantes, buscan apoderarse de todo, por lo tanto, tienen un gran nivel de posesividad. Son obstinados, rencorosos y testarudos. Suelen ser un poco melancólicos.

Debido a su naturaleza sociable y control de las situaciones sus trabajos idóneos incluyen la Comunicación Social, la organización de eventos, Odontología, maestros de educación inicial y en general, todo lo que requiera manejo de grupos, Relaciones Públicas o animación de eventos.

Aspectos positivos para potenciar

Esta numerología produce niños bastante tranquilos y controlados. Lo que les da lo necesario para ser buenos a la hora de tratar con muchas personas, no se asustan fácilmente de las multitudes, al contrario les gusta que les presten atención. Su simpatía les hará ganar amigos con facilidad. Se sentirán a gusto en el colegio o en otros lugares, siempre que logren crear lazos fuertes con las personas que tiene a su alrededor.

Su habilidad de crear amistades fuertes proviene de su sentido familiar. Todas las personas que consideren cercanas a ellos serán vistas como familia y serán muy leales a esas personas.

Les gusta sentirse integrados en la familia, por ello, tienden a ser muy responsables con sus deberes dentro de la casa y en la escuela. Hay que darles cosas que hacer dentro de hogar porque son participativos, si no encuentran qué hacer con su tiempo se sentirán tristes. Si desde pequeños les decimos como se deben mantener los espacios, ellos adquirirán esas costumbres de por vida. Cuando son felices dentro del núcleo familiar son los pequeños más emprendedores, funcionales y fieles que hay.

En cuanto a la escuela son buenos para trabajar en grupo, les gusta organizar las tareas con sus compañeros. No suelen tener problemas académicos porque sienten que es su responsabilidad como hijo estudiar para que sus padres estén orgullosos.

Aspectos negativos para cuidar

Pese a que son niños muy equilibrados en general y fáciles de tratar, tienden a tener una aptitud controladora. Si les permitimos este comportamiento serán acaparadores en el hogar, pues quieren asumir el papel de los padres. Para prevenir esto debemos ser padres que lleven cierto orden en las cosas, la disciplina no debe ser estricta, pero debe existir porque estos chicos pueden sentir un vacío de poder y querer ocupar ese espacio.

En ocasiones acaparan el hogar desde la infancia y al convertirse en adultos son mujeres u hombres que creen poder ser padre y madre al mismo tiempo. Cosa que está mal porque nadie puede suplir el papel de otro.

Debemos conocer con quienes se relacionan, porque debido a su disposición al trabajo pueden ser explotados por los demás. Aunque se sale de su personalidad más controladora, si sienten que pueden ser abandonados se tornaran sumisos con tal de no perder a quienes son importantes para ellos, esto los hace vulnerables a abusos mentales y físicos. Un ejemplo muy común de esto son los niños que trabajan en lugar de ir a la escuela. Cuando les preguntas por qué están trabajando, te dicen que para ayudar a su mamá y hermanitos.

Rara vez son agresivos, pero no dudaran en golpear a otros niños si ven que amenazan a sus amigos. Otra forma en la que puede ser violentos es cuando asumen el rol de padres de sus amiguitos, al cuestionarlos sobre el porqué golpearon a otro niño suelen responder: "porque se portó mal". En sus mentes infantiles jamás serán violentos sin justificación.

Ya lo he mencionado mucho, pero lo recalco una vez más: su mayor problema es querer controlar y dominar todas las situaciones. Tenemos que implementar estrategias para que confíen en los otros, hacerles ver que no siempre tienen la razón y que, simplemente, en la vida existen situaciones imprevistas. Es muy importante trabajar la espontaneidad con ellos para que en el futuro no desarrollen ansiedad. En la otra mano, tenemos la posibilidad del desequilibrio, pues, si los desplazamos de su zona de confort de manera muy severa o no consideramos sus opiniones es probable que sufran un bloqueo que les lleve a deprimirse. Ellos son buenos gerentes y hay que dejarlos planear para que encuentren la felicidad.

Para tener en cuenta

Este número tiene pocas recomendaciones extras porque su naturaleza no suele darles problemas, por el contrario son muy encantadores, aunque existen algunos detalles que debemos tener presentes.

- Son extremadamente activos dentro de la estructura familiar. Siempre van a querer ayudar a sus padres, por esta razón debe tener una participación en la toma de decisiones o de los contrario se sentirán excluidos. No deben ser aislados con la excusa de que "son cosas de mayores", eso hará sentir mal al niño, pues, le gusta ser partícipe de todos los acontecimientos de la familia.
- Pueden meterse en problemas por defender a otros niños que consideren más débiles, tengamos presente que las amistades son lo más importante para ellos después de su familia. Por esto, es bueno que cuidemos con quienes se relacionan, son susceptibles y el rechazo los puede destruir.
- Cuidemos sus relaciones familiares, en su afán por controlar todo pueden tener fuertes choque con padres, hermanos o primos. Les gusta imponerse sobre las decisiones de los otros. Es mejor tratar de negociar con ellos o dejarles claro que si alguien no quiere jugar ellos no pueden obligarlo.
- Pongamos nuestra atención en que los niños con este número base serán en un futuro buenos padres. Esta tendencia hacia la familia puede llevarlos a querer formar la suya antes de tiempo. Hay que darles una educación sexual apropiada en este caso, así como hablarles de planificación familiar para que no se adelanten.

Ambiente ideal

Los colores pasteles son útiles mientras crecen, mas no son indispensables. Si bien, ayudan a calmar a ciertos niños, los tres por si solos son muy controlados. Podemos ir modificando su cuarto con el tiempo e ir dándole personalidad para reflejar a nuestros pequeños. Los número tres apreciarán esto y les dará aún más tranquilidad, porque se sentirán en completa posesión de su espacio personal.

Debemos dejarles hacer pequeñas tareas en el hogar, se sienten motivados por el orden. Enseñarles a guardar sus juguetes o los platos de la cocina les dará la sensación de que participan en la rutina de la casa.

Actividades deportivas y recreativas

Al meditar sobre la naturaleza de la numerología tres es fácil darse cuenta que para su desarrollo es importante que practique actividades grupales:

En lo deportivo pueden hacer cualquier tipo de actividad, pero se les dan muy bien los deportes en equipo porque se compenetran mucho con sus compañeros. Debemos tener claro que van a querer controlar a los demás, no desean ser los líderes del equipo, pero si los organizadores. Por supuesto, el baloncesto, el fútbol, el vóleibol y el béisbol son los deportes que mejor les sentaran, aunque como padres debemos contemplar cuáles son sus capacidades físicas.

En cuanto a las actividades artísticas o intelectuales los grupos de danza y teatro son muy buenos para ellos. Tienen la oportunidad de constituir las prácticas, asumir la gerencia del conjunto y ver por los demás.

En la parte espiritual

El tres representa la totalidad, una triada que puede simbolizar el pasado, el presente y el futuro; por ello, suelen estar conectados consigo mismos de una manera especial y esa es a través de la palabra. Lo que se dice y cómo se dice será importante para su alma. Son muy receptivos a todo tipo de energías.

Pueden trabajar el Feng Shui porque se relaciona con ordenar elementos físicos para obtener armonía espiritual. Además, los relajará porque les dará la oportunidad de usar sus dotes de organización y a su vez revisar sus emociones, a través de la disposición armoniosa de los elementos.

Educación

Pueden estar en un salón con muchas personas, son buenos dominando este tipo de ambientes. A la hora de estudiar siempre conservaran su propio orden aunque les impongamos una rutina, es mejor dejarlos armar la suya propia. Son muy buenos para trabajar en grupo y van a querer dirigir, deben estar con niños que trabajen porque el número tres es muy responsable y podría asumir toda la carga académica del grupo con tal de cumplir con los deberes.

Podemos estimularlos con rompecabezas, trabajan bien con los mapas mentales y conceptuales. Esto se debe a que tiene una gran capacidad de abstracción y buscan las conexiones lógicas entre conceptos. Poseen mucho sentido común a la hora de estudiar.

Relación consigo mismo y otros niños

La familia es lo más importante y, por lo tanto, trataran de tener sus propios hijos a una edad temprana. Deben ser educados en este aspecto para que no adelanten etapas de la vida. Esto sucede porque su visión de sí mismos esta siempre ligada a una familia e incluso todos los demás giran en torno a ese pequeño universo. Las relaciones de amistad que establezcan van a querer conservarlas de por vida, esto les puede traer frustraciones. Los niños que se apegan mucho a otros son los que más sufren con una repentina mudanza. Además, son los que están más predispuestos a sufrir por el rechazo de los amiguitos. Hay que alentar la independencia para que cultiven relaciones sanas y no sean dependientes.

Historias para reflexionar

El perro fiel y su amo

Un cachorro esperaba en la tienda de mascotas, en una jaula individual, a que alguien lo comprara. Se sentía muy solo, antes había estado con sus hermanos, pero cuando crecieron un poco los separaron. El cachorro lloraba por las noches en la oscuridad y soledad. Un día entro un hombre a la tienda y miro todas las jaulas hasta llegar a la suya, lo observo largo rato y el cachorro por instinto movió la cola. El hombre le dijo al vendedor que quería comprarlo.

Así fue como el cachorro obtuvo un nuevo hogar, lejos de las jaulas que tanto lo entristecían. El hombre lo tomó en brazos, le acarició la cabeza y lo llevó al carro, partieron para recorrer un largo camino hasta llegar a una casa con un pequeño jardín. El hombre le dejo dentro de la casa, le dio agua, comida y una cama en la sala. El cachorro jamás había sido tan feliz.

El tiempo pasó y el cachorro se convirtió en un perro grande, fuerte y alegre. Vivía para los paseos cortos con su amo luego que este llegaba de trabajar, los fines de semana salían al jardín o tenían paseos más largos. Tenía comida dos veces al día, su cama quedó relegada en la sala: al principio tenía miedo de dormir solo, su amo lo llevo a dormir con él y así se quedó. Quería mucho a su amo, él era muy cariñoso, siempre lo abrazaba, le acariciaba las orejas y la panza.

Un día su amo llego tarde del trabajo, no pudieron ir a pasear. Al perro no le importaba porque al llegar lo saludo feliz, moviendo su cola y lamiendo sus manos. Su amo lo acarició en la cabeza y la barriga. Pasaron los días y cada vez el amo llegaba más tarde del trabajo, esto acongojaba al perro, pero siempre ponía buena cara porque tenía comida, una casa, algunos paseos y caricias.

Entonces, su amo empezó a irse días enteros dejándolo solo. El perro lloraba mucho por las noches, los vecinos comenzaron a quejarse. Su amo lo reprendió. Le dijo que no estuviera triste porque él volvería siempre a casa. Aun así, el perro detestaba sentirse solo, pero su amo seguía acariciando su cabeza.

Otro día, su amo llego a casa con una extraña. Ambos estaban muy sonrientes, así que el perro también se alegró, pero nadie lo noto. Su amo apenas acaricio su cabeza. Ese día tuvo que dormir en la sala. Las cosas continuaron cambiando. El perro ya no salía mucho de la casa, pocas veces le hablaban, dormía en la sala y algunas veces le acariciaban la cabeza. La mujer del amo, no lo miraba mucho cuando venían, solo lo ignoraba. Su amo también comenzó a ignorarlo, hasta que un día al volver del trabajo ya no lo acarició. El perro estaba verdaderamente triste, ya no comía lo suficiente y perdió peso, nadie lo notó.

El amo se fue todo un fin de semana dejándolo encerrado. El perro se sentía asfixiado, quería salir y buscar a su amo. De repente su cuerpo comenzó a moverse de un lado para otro, no podía controlar sus patas, solo necesitaba encontrar una salida. Ladró, aulló y lloro largo rato, rascó con las uñas la puerta, tiro las mesas, adornos, se orinó en el piso, botó basura por toda la cocina, pero nada de esto trajo de vuelta a su amo para aliviar su tristeza. Derrotado el perro se sentó a un lado de la puerta a esperar.

Cuando escuchó las llaves supo que su amo había llegado, estaba tan feliz que se lanzó sobre el lamiendo su cara. Pero el amo se molestó, le gritó que se bajara y le dio una palmada en el pecho. Perro malo le dijo. Entonces, el amo miró el desastre que había en la casa y supo que había sido el perro. No pudo contener su ira y con sus manos lo golpeó, le dio una paliza al perro que solo pudo esconderse adolorido en una esquina.

El amo se fue y al rato regreso con una jaula, donde lo metió y lo llevo al carro. Recorrieron un largo camino. Al perro mientras tanto, le preocupaba que le llevaran al veterinario, solo lo metían en la jaula cuando iba al doctor. Pero llegaron a un lugar boscoso que nunca había visto antes. El amo lo bajo del auto y lo dejó salir. Aunque estaba dolorido, corrió y movió la cola. Estaba feliz de poder salir de nuevo con su amo, se acercó él y le lamió las manos. Este lanzó una pelota, su favorita, y fue por ella al bosque. Cuando regreso su amo no estaba, dejó la pelota en el suelo y espero que su amo regresara.

Espero por mucho tiempo en el mismo lugar, pasaron días y sintió hambre. En el bosque pudo encontrar algunas cosas para sobrevivir, pero no era un perro salvaje, era poco lo que podía hacer. Su estómago vacío se convirtió en un acompañante permanente. Tal vez su amo se perdió, pensó un día y con esa idea decidió caminar en su búsqueda.

Siguió la carretera, pocos carros pasaban, llego a la ciudad, encontró a otros perros, tuvo varias peleas, escarbó en los basureros y tuvo un poco menos de hambre. Él recordaba su casa, la del pequeño jardín y después de tanto caminar la encontró. Incluso reconoció a algunos vecinos y estos a él. Al verlo estaban sorprendidos, no se le acercaron porque ahora estaba flaco y sucio. Se sentó en el jardín a esperar que su amo volviera del trabajo, pero eso nunca sucedió. En su lugar llegó una camioneta vieja con una mujer, un hombre y dos niños, una familia.

Las nuevas personas lo miraron extrañados y trataron de espantarlo del jardín, pero él se quedó allí echado. La familia entró a la casa y el perro espero fuera a su amo. Así pasaron los días, algunos vecinos le dejaban comida y el amo no regresaba. Los niños siempre lo veían con curiosidad y en una oportunidad en la que sus padres no estaban salieron a jugar con el perro. Le acariciaban la cabeza y lanzaban un palo para que lo buscara.

El perro estaba confundido, hace mucho que no lo tocaban, era raro pero reconfortante. Los niños empezaron a jugar con él todos los días, a los padres no parecía gustarles mucho, siempre fruncían el ceño, aunque también comenzaron a dejarle comida. Una muy parecida a la que le daba su amo, por fin su hambre comenzó a calmarse. Se volvió más dócil, ya no estaba tan sucio y dormía con más tranquilidad. Le pusieron un collar y de alguna forma lograron bañarlo.

Entonces, sin pensar mucho en cuándo o cómo entró a la casa, tuvo de nuevo una cama, comida, juegos y paseos. Tenía un hogar y era un perro feliz.

Moraleja: Los niños número tres son como un perro fiel, suelen perdonar a quienes los hieren. Pero no siempre serán tratados con la misma amabilidad. Hay que educarlos para que entiendan que no todas las personas tienen buenas intenciones. Sin embargo, con su carácter amable son capaces de encontrar cariño en cualquier lugar o circunstancia por más adversa que sea.

El control remoto

En una casa familiar había gran alboroto y emoción. Habían comprado un televisor nuevo, de esos a los que solo les falta hablar para decirte el tráfico y el clima del día. El padre pensaba en todos los eventos deportivos que vería en alta definición. La madre en las telenovelas y los programas de cocina. El hijo mayor en películas y series. La hija menor en todas las comiquitas que vería y el hijo del medio solo pensaba en los felices que serían todos con el nuevo televisor.

Los primeros días el padre dominaba el control remoto, vieron muchos programas deportivos, pero no importaba estaban felices. Luego fue el turno de la madre y después el de los hijos. Con el correr del tiempo empezaron las discusiones: "Yo quiero ver esto, yo quiero ver lo otro". Pero el hermano del medio tomó el control y dijo:

-Haremos un horario. Así todos podremos disfrutar de la televisión.- Así el chico colocó una hoja de papel en la nevera donde decía qué verían todos los días. La madre tenía el control remoto en las mañanas de la semana y a la hora de su telenovela favorita. El padre vería deportes en las tardes del fin de semana y el noticiero de la noche los demás días. El hijo mayor podría ver series y películas después de las seis de la tarde y la niña sus comiquitas las mañanas de los sábados y las tardes después del colegio. Así todo funcionó muy bien, todos eran felices.

Un día el hermano del medio oyó, de sus amigos en la escuela, que pasaban un documental sobre biología en la televisión. Se interesó por verlo porque amaba esa ciencia. Así que llegó en la tarde y quiso verlo pero su hermana no le cedió el control remoto porque era su turno. Él no se molestó porque en la era pequeña y podía esperar a ver la repetición más tarde, pero entonces fue el turno de su hermano que también había esperado mucho para ver el nuevo capítulo de una serie. Ya era muy tarde cuando su papá veía el noticiero, volverían en ese tiempo a pasar el documental y le preguntó a su papá por el control remoto para cambiar el canal, pero el padre no quiso ceder su tiempo.

El muchacho se sintió muy mal y con tristeza se fue a dormir. A la mañana siguiente se encontraba enfermo, una gripe dijo su madre, así que se quedó en casa. A media mañana, luego de descansar un poco, el niño fue a la sala de la televisión creyendo que al fin tendría oportunidad de ver el documental, solo lo repetirían una vez más esa mañana, era su última oportunidad. Su madre veía un programa matutino y reía a carcajadas. El hijo le preguntó si podía cambiar el canal, porque se sentía un poco mejor y quería aprovechar para ver un documental. La madre le dijo que mejor se acostará porque estaba enfermo, era la hora de su programa favorito y los documentales eran muy aburridos. El joven se fue a su cuarto a llorar y pese a que su madre lo intentó no logró sacarlo de su cuarto.

Cuando toda la familia llego a casa se preocuparon, porque él no solía actuar así, siempre fue un chico muy tranquilo. Finalmente, salió cuando todos estaban reunidos viendo la televisión. Sin decir una palabra tomó el control remoto y lo arrojó por la ventana. Su familia se molestó mucho. Estaba actuando raro sin razón, entonces, el muchacho lloró y les dijo egoístas. Él solo quería ver un documental, y ninguno pudo cederle un momento de su tiempo cuando él se había dedicado a hacer el horario para que no discutieran.

La madre se dio cuenta en ese momento que en el horario pegado en la puerta de la nevera no estaba el nombre de su hijo por ningún lado. Él no tomo un tiempo para sí mismo, en cambio dio lo que le correspondía para que ellos fueran felices.

Moraleja: Muchas veces no apreciamos lo que los otros hacen sin pedir nada a cambio. El hijo solo quería ver un programa, pero nadie en su familia quiso ceder el control, fueron un poco egoístas y eso deprimió al muchacho. Esto suele pasar con los numero tres, por eso hay que incluirlos en las actividades familiares o de lo contario se sentirán aislados.

Número 4
Representa la muerte como purificación, control sobre todas las cosas, la oración, el perdón de los pecados capitales y la justicia.

Características generales

El cuatro representa los valores y el sentido del orden. Es el número que nos remite a las actividades prácticas, por lo que los niños que nacen bajo esta numerología son diestros con los trabajos manuales. Por otro lado, nos hace pensar en los cuatro lados de un cuadrado, cosa que simboliza la estabilidad. Los niños serán estables, muestran seguridad, pero poseen una fuerza interior y física que es difícil controlar.

Son pequeños perseverantes, no descansan hasta conseguir un propósito. Son buenos para construir, les gusta el trabajo físico, hacer las cosas por sí mismo no importa que no exista la necesidad. Son poco habladores, pero muy colaboradores. Estos niños suelen expresarse con la mirada.

Aquí debo hacer una acotación muy precisa y realista: los niños cuatro requieren de padres muy comprometidos para poder tener éxito, ya que poseen la numerología más difícil de controlar, son fuertes tanto en lo físico como en el carácter, llegan a ser hijos muy obstinados y egoístas. Entre sus rasgos negativos encontramos, los que mencione con anterioridad, junto a la agresividad y posesividad.

Sus trabajos ideales son aquellos que saquen el mayor provecho de su vena inquisitiva, paciencia y perseverancia. La prosperidad económica va a requerir de mucho trabajo para ellos, la misión de sus vidas es tener una casa propia. La labor científica los hará felices, así como la Contaduría, Administración o Bienes Raíces, esto se debe a que son bastante buenos con los números. Pueden ser científicos, médicos, les gusta descubrir cosas ser capaces de hacer lo que otros no pueden.

Aspectos positivos para potenciar

Su carácter indagador les da la facultad de querer investigar y analizar todo lo que les rodea. Es bueno aprovechar esta cualidad para fomentar el estudio, pues una vez que se fijan como meta descubrir algo harán todo lo posible para lograrlo.

La perseverancia también se potencia gracias a su gran curiosidad. Cuando trabajamos en metas específicas, serán pequeños indetenibles, les gusta el reto: lograr lo que los demás no pueden. Tienen gran fuerza física, es importante canalizarla en cosas positivas. Los deportes de contacto les harán mucho bien para drenar esa energía extra, pero también les aportaran la disciplina necesaria para que salgan a flote sus mejores virtudes como la constancia y la paciencia.

Les gusta ayudar a otros en lo que pueden. No siempre podrán resolver las discusiones entre amigos, puesto que son más dados a la lucha, pero su inteligencia los dota para resolver problemas de otra índole. Si uno de sus amigos se acerca y le pregunta que hacer para tener mejores notas en la escuela, por ejemplo, su respuesta más probable y acción seguida será ayudar a su amigo a estudiar. No darán malos consejos.

Aspectos negativos para cuidar

El contacto físico es importante para ellos, por lo tanto, todo lo corporal les llama la atención, tanto así que tienen comportamientos agresivos sin justificación. Ellos disfrutan del contacto físico violento, les causa placer y risa. Todo esto viene implicado con un sentido del tacto mucho más desarrollado. Tienden a comunicarse con este sentido.

En lo relativo a esto debemos considerar que son niños con mucha fuerza física, lo cual es una bendición cuando la enfocan positivamente y una debilidad cuando no tienen disciplina. Pueden lastimar a otros con o sin intención. Para evitarlo hay que charlar con ellos y hacerles ver que los demás tienen sentimientos propios.

Es buena idea darles un perro o una mascota que sea muy dócil y tranquila. Enseñarlos a bañarlo, alimentarlo y quererlo. De esta forma enfocaran su energía en ello y controlaran sus niveles de agresividad, además van a desarrollar el sentido de pertenencia, de armonía y cariño por otros seres.

Su curiosidad a veces los lleva ser muy temerarios, es importante que no tengan contacto con los deportes de riesgo como el motocross, podrían tener accidentes. Además, hay que evitar estímulos externos que les lleven a estas conductas, por ejemplo los videojuegos violentos estimularan demasiado su imaginación y los harán desear correr riegos.

Por otra parte, las niñas deben ser educadas con mucho cuidado porque al ser personas que gustan de emociones y riesgos, es posible que quieran crecer antes de tiempo. Esto solo las volverá seres egoístas que pueden ser madres desnaturalizadas. Hablar sobre el valor de la familia es muy recomendado en este caso.

Para tener en cuenta

La naturaleza del número cuatro se centra en lo práctico, lo que puede experimentar y sentir físicamente. Requieren una atención particular y de unos padres comprometidos, ellos simplemente no van a cambiar, pero su comportamiento puede encausarse para ser apropiado según su edad.

• Suelen hacer amistad con niños mayores, tanto varones como hembras, porque siente que los chiquillos de su edad no les aportan nada. Dejan muy pronto de jugar con carritos y muñecas. No obstante, debemos tener extremo cuidado con esta situación porque les lleva interesarse en el sexo a edades muy tempranas. Los niños con este número son muy activos en lo sexual, esto es

natural en ellos, no se puede cambiar, pero se puede buscar que sea en un nivel adecuado para su edad.
- En ese sentido, las niñas suelen estar pendientes del "teatro de la vida". Quieren sentir y experimentar lo que otros les cuentan: el primer beso, cómo es ir a una discoteca. Debemos cuidar sus amistades y tratar que estén con niñas de su edad para que no se interesen en el lado más superficial de la vida.
- Quieren experimentar una adolescencia temprana y, si lo permitimos, es posible que busquen experimentar con drogas y alcohol. Esto es un comportamiento destructivo, por favor vamos a evitarlo.
- Su fuerza puede convertirse en su mayor debilidad: todo lo quieren resolver a partir de esto. Hablamos de un niño que envías a calmar un problema y el termina involucrado en el problema. No son buenos para cuidar a otros porque les gusta ser intrépidos
- . Cuando intentan proteger a sus amigos se pueden meter en peleas fuertes. Un ejemplo es aquel hermano que golpea a los que se meten con hermano pequeño.

Ambiente ideal

Estos chicos requieren un ambiente en calma, nada de colores vibrantes porque pueden alterarlos. Lo mejor es que tengan un cuarto propio, donde se puedan relajar pero que siempre esté en orden. Los espacios, para compartir con la familia, deben ser más cálidos, tener armonía y no poseer elementos agresivos en la decoración. Son niños a los que les llama la atención el cuerpo y si se les deja estar expuestos a películas o materiales que representen de forma muy literal el acto sexual, ellos van a sentir una curiosidad temprana. Así que no debemos dejar estos elementos a su alcance. Los adornos con motivos fálicos, mujeres desnudas o cualquier tipo de humor escatológico nos pueden gustar a los adultos, pero no es recomendable que se los mostremos a nuestros hijos.

Actividades deportivas y recreativas

Estos niños se caracterizan por su fuerza, deben instruirse para controlarla porque de otra manera solo generarán caos a su alrededor. La mejor forma de canalizarla es mediante los deportes, en especial aquellos que sean de contacto y donde puedan descargar su agresividad. Dicho esto, es el Boxeo, la Halterofilia, el Atletismo y las Artes Marciales harán que adquieran un poco de disciplina. Es habitual el éxito profesional en estas ocupaciones.

En lo relativo a este tema debemos ser muy conscientes que tienen posibilidades de ser atletas profesionales porque les gusta la competencia. Les gusta ganar, llegar primero y cuando tienen objetivos claros hacen todo para lograrlos. Los triunfadores no nacen, se hacen; los padres tienen que cimentar un sistema de apoyo total para que puedan desarrollar todo su potencial.

Por otra parte, es necesario alternar las actividades con mucho gasto de energía con otras más tranquilas, recuerden que buscamos un balance y en este caso involucrarlos con ambientes relajados, hacer terapia con Yoga o enseñarlos, dentro de lo posible, a meditar será de mucho provecho para bajar el nivel de agresividad.

Mas no todo debe quedar en la parte física, es importante que cultiven su intelecto. No van a ser los chicos más artísticos de la cuadra, pero si tienen cierta sensibilidad que los vincula con la naturaleza. Ponerlos con los *Boy Scouts* será de provecho, allí podrán sacar su vena exploradora y crearán lazos de amistad fuertes. El ajedrez también nos servirá para que adquieran concentración y disciplina.

En la parte espiritual

Son personas conectadas con su mundo espiritual, tiene visiones. El número cuatro tiene muchas implicaciones a nivel espiritual, porque está presente dentro de muchos textos místicos. Recordemos que, por ejemplo, cuatro son los evangelios y cuatro son los jinetes del apocalipsis. Pensemos que cuatro son las estaciones, hay cuatro puntos cardinales, cuatro elementos, cuatro fases de la alquimia. Cuatro virtudes: querer, saber, orar y callar. Sin embargo, debemos quedarnos con que el cuatro representa la tierra abriéndose para nosotros y mostrarnos sus secretos.

A nivel espiritual los niños con esta numerología están conectados a la tierra y pueden llegar a gozar de protección espiritual u ancestral. Lo cual les permite ser grandes religiosos, poseen grandes dotes espirituales. Para las culturas asiáticas el cuatro es homófono con la palabra muerte y de allí que tengan un gran respeto hacia este número. Podemos interpretar esto como una gran capacidad para conectarse con el más allá. Por supuesto, estas habilidades deben explorarse solamente cuando el niño crece, no durante su infancia temprana.

Educación

Necesitan disciplina para poder funcionar ¿cómo la creamos?, pues, mediante el orden, la implementación de una rutina y reglas exactas. Esta numerología requiere de padres cariñosos pero estrictos, que posean un buen nivel de autoridad, no puede existir en casa un vacío de poder o los pequeños se van a descontrolar.

No obstante, ser estricto no implica maltratar a los niños, podemos ser exigentes pero siempre recordando que son niños pequeños, van a cometer errores y debemos enseñarles algo positivo de ellos, no solo regañarlos.

Algo que funciona muy bien dentro del salón de clases es ponerles retos, son competitivos y van a querer ser los primeros en resolver los problemas, esta cualidad los hace muy buenos en las matemáticas.

Relación consigo mismo y otros niños

Los niños número cuatro son dados al contacto físico, así es como se relacionan con los demás, siendo el tacto su sentido principal para interactuar con el mundo. Esto lleva a que desde temprana edad les guste pegar a otros, si te pegan es porque quieren, porque ellos lo disfrutan. Es importante que tengan una familia muy estable para no potenciar esta inclinación.

La educación sexual es importante. Por supuesto, la información que proporcionemos debe ser acorde a la edad, pero hay que hablarles con la verdad y a medida que crecen ampliar el tema. No podemos tener tabúes en este sentido porque es un tema importante para ellos, ya que se relacionan a partir de lo físico. Cuando están en ambientes disruptivos, donde la madre y el padre comentan mucho sobre sexo y dejan que los niños vean estos actos en la televisión, se potenciará en ellos la atracción hacia este ámbito. Son investigadores por excelencia, van a querer explorar a corta edad cosas que no son convenientes para su avance físico y mental. Son chicos que nacen con ese instinto. No debemos potenciarlo más porque causará comportamientos que le traerán problemas a lo largo de su vida.

En el varón trae conductas sádicas u homosexuales, sin que sea su verdadera naturaleza. Las hembras pierden la virginidad a edades prematuras, su vida se orientará al sexo. Como ya lo he repetido, son cuestiones naturales, por eso es importante la educación sexual para que puedan tener una vida exitosa.

Historias para reflexionar

Para esta numerología tengo dos historias que nos harán pensar acerca de su esencia.

El número 4 en la tierra

De la palabra surgió el universo y de los números su orden. Así lo dispuso el Creador, pero todo esto era invisible. Entonces, el mundo fue creado para que todo fuera visible, para que existieran seres que contemplaran la guía de los números, pero los animales se dejaban llevar por su instinto y las plantas eran estáticas. Las especies eran regidas por el orden numérico, pero no lo comprendían.

El Creador decidió formar un nuevo ser que pudiera comprender el universo. El hombre fue su mayor invención, su más grande obra. Decidió enviarlo a la tierra, pero el conocimiento sobre el universo era demasiado grande para su mente mortal, así que concluyó darles solo un número para que se expresaran. Los primeros humanos tenían como destino el número uno. El Creador pensó que con ellos sería suficiente para fortalecer la tierra.

Los número uno crearon la humanidad, fueron conscientes de sí mismos, tenían anhelos y deseos, no actuaron solo por instinto, idearon y soñaron con lo que sería la civilización. Pero el Creador vio que no iban más allá, faltaba algo en el mundo. Entonces, enviaron a los número dos. El destino de los dos fue integrarse a la pequeña humanidad que había surgido gracias al uno y multiplicarla. Gracias a ellos por toda la Tierra se extendió la especie humana. El amor surgió, ahora los hombres podrían amar y ya no se sentirían solos en el mundo. Sin embargo, el Creador vio que con solo dos números no eran suficientes. El hombre podía amar y soñar, pero faltaba armonía y calidez. Cuál era la finalidad de su existencia, ¿solo reproducirse? El Creador los amaba, quería que transcendiera y entendieran el universo. Así que envió al tres.

Los hombres que ahora eran muchos estaban dispersos, tenían una civilización, ideas y amor pero el tres los ordenó. Con ellos surgió la verdadera unión y se creó la familia. Los padres educaban a los hijos y los hijos tomaban el lugar de los padres para educar y amar a sus propios hijos. Trascendían en inteligencia y emociones con cada generación. El mundo halló armonía y paz.

Y, sin embargo, el Creador vio que algo faltaba. Los conocimientos del hombre no estaban completos, requerían un balance. El número cuatro llegó para proporcionarlo. Los humanos con este número como destino eran vitales, tenían la fuerza para sacar adelante la humanidad, pero su fuerza les trajo choques entre ellos, siempre había algo que querían dominar y así la paz fue rota por la guerra, el conflicto y las dificultades.

El Creador vio lo que había sucedió a la humanidad y no pudo estar disgustado. Él los había hecho así, formó a esa humanidad que ahora era reflejo de un universo: plagado de ideas que se multiplica, armonioso y en orden en algunos momentos y descontrolado y en caos en otros.

Moraleja: Esta historia nos habla del cuatro como un número fuerte, que puede traer la violencia o hasta la guerra, pero dentro del enorme mapa del universo esto es necesario para que exista armonía y balance. Por eso, su mayor virtud es la estabilidad. No todos los niños pueden ser tranquilos porque no está en la naturaleza humana ser estático, siempre nos movemos hacia delante.

El niño bullying

Jaime era un niño de cinco años con mucha energía. En su casa lo regañaban mucho por eso, siempre quería tocar todo, ver todo y nadie le dejaba. Decían que siempre estaba destruyendo las cosas, así que sus padres lo reprendían y dejaban fuera de su alcance los objetos delicados.

Esto lo frustraba, en su pecho se acumulaba una sensación de opresión, como si alguien lo golpeara allí. Pero ese ya era un estremecimiento al que estaba acostumbrado, nunca lo mencionaba a sus papás.

Estaba orgulloso de sus papás, eran abogados, siempre trabajando. Jaime deseaba hacer algo más que ver la televisión luego de ir a la escuela, pero sus padres eran importantes, tenían importantes cosas que hacer y no había tiempo para llevarlo a hacer algo más. Jaime se conformaba, por lo que jugaba mucho con sus amigos en el colegio. Le gustaba abrazar muy fuerte a sus amigos, hasta que le dolieran los brazos.

Cuando jugaban con legos construían casas y edificios, él adoraba patearlos al terminar para que pudieran volver a construirlos, era el doble de diversión. En los recreos corría por el patio del preescolar, quería ser el más rápido de todos, debía ganar al igual que sus padres lo hacían en el trabajo. A veces empujaba a sus amigos que estaban en el camino, estorban en su juego de carreras. A ellos no les importaba, pues, al final siempre perdían. En definitiva, a Jaime le gustaba la escuela para correr, jugar y estar con otros niños. No le gustaba tanto la maestra, siempre lo regañaba, le decía que era brusco y le chismeaba su madre, quién luego volvía regañarlo. Pero él sabía que trataba bien a sus amigos, siempre los abrazaba.

Carlitos iba a cumplir años y su mamá repartió las invitaciones para la fiesta al final de la clase. Uno por uno sus amiguitos fueron llamados para entregarles la tarjeta, a él no lo nombraron. Sintió la familiar opresión en su pecho. Se acercó a la maestra, jaló su falda y le preguntó por la suya. La maestra frunció el ceño, parecía no saber qué decir, le dijo que esperara; se fue a hablar con la mamá de Carlitos. Mientras conversaban llegó la mamá de Jaime, el grupo de mujeres movía mucho las manos y sus caras se veían enfadadas. Al final su mamá se acercó y le dio la tarjeta de invitación.

Jaime estaba muy feliz, podría comer torta, jugar en un castillo inflable y felicitar a su amigo. Pasó días hablando en casa de la fiesta, emocionado salió con su madre y escogieron el regalo más bonito, el niño quería ser el que llevara el mejor regalo. El día de la fiesta llegó. La casa de Carlitos estaba decorada con globos azules, blancos y verdes. Había chucherías, un dinosaurio que cantaba, cotillones y música.

Le entregó muy sonriente su enorme regalo al cumpleañero, el otro lo acepto emocionado, abrirían todos los presentes luego. Jaime corrió por la casa, se encontró con sus amigos en el castillo inflable y todos entraron. Él quería ser el que saltara más alto, empezó a rebotar con fuerza de un lado a otro, de vez en cuando chocaba con sus compañeros, dolía pero no importaba porque era divertido. De repente se vio solo en el castillo, cuando salió los padres y los niños estaban reunidos fuera. Sus amigos lloraban y decían que Jaime era malo, lo señalaban con el dedo índice.

Su mamá lo regaño, le dijo que por eso no lo querían invitar a la fiesta. Los otros padres comentaron que debía irse y sus amiguitos dijeron que no lo querían. La familiar opresión en el pecho de Jaime se hizo presente, sus puños se cerraron, bajo su mirada al piso y apretó los ojos, pues le picaban mucho. No se contuvo y salió corriendo, tumbó las mesas, pateó todos los regalos, golpeó al dinosaurio y arrojó el pastel al piso. Todas las personas se quedaron muy quietas luego de la destrucción, incluso su mamá. Entonces, el niño lloró porque él no era malo, él solo quería jugar con sus amigos y ser feliz.

Moraleja: A veces tachamos a los niños número cuatro como brabucones, pero lo cierto es que solo mediante la fuerza saben relacionarse con los otros. Necesitan que sus padres les enseñen a ser más delicados, pues otros podrían interpretar su cariño como malicia.

Número 5
Representa los milagros, su palabra clave es éxito, voluntad a través de la fe, la multiplicación de las imágenes y sus misterios.

Características generales

Los niños con numerología cinco son los "nacidos para triunfar". Esta es una frase que nos revela su esencia, ya que de una vez podemos intuir que son niños bendecidos, suelen ser muy esperados por sus padres. La suerte es innata en ellos, porque se sienten y son especiales, esta cualidad les lleva recibir muchísimos regalos, incluso antes de su nacimiento. Son pequeños muy emprendedores cuando adquieren una meta, aunque por norma las cosas que intentan se les dan fácil. Siempre están probando cosas nuevas y poseen un gran carisma. "Magnéticos" y "aventureros" son palabras que los definen. Algo muy particular de ellos es que son coquetos, les gusta la arreglarse y vestir de colores llamativos, se transforman en pequeños pavorreales.

Incluso estos chicos tienen algunos rasgos negativos, empezando porque son muy exigentes con ellos mismos y los demás. No logran terminar nada, son transitorios en extremo. Son lo que podemos llamar la "mitad del mundo", en los números se ubican entre el 1 y el 10, por este motivo su naturaleza les lleva a creerse especiales, lo que les convierte en arrogantes. Por las buenas son muy buenos, pero por las malas muy vengativos.

La sencillez que tienen para obtener lo que desean les brinda la posibilidad de realizar todo tipo de trabajos. Cuando se convierten en adultos saben un poco de todo porque la vida les ha llevado a eso, con frecuencia se aburren y pasan de una ocupación a otra. Es así como pueden incursionar en diversos ámbitos como la Medicina, el Deporte, la Informática o el Derecho; siempre que sean carreras retadoras o en constante evolución ellos podrán interesarse.

Aspectos positivos para potenciar

El carisma del que gozan les hará tener oportunidades inimaginables. Si podemos hacer que se enfoquen en un objetivo, los resultados que obtendrán en todo lo que deseen realizar serán positivos. Debemos como padres aprovechar esto, una misma oportunidad no les llegará dos veces. Hay que aconsejarlos y direccionarlos, de lo contario se tornaran distraídos.

Para que puedan entender mejor a lo que se enfrentan los padres de un número cinco les propongo la siguiente situación: llevamos a nuestro hijo a una audición para una obra de teatro. Con toda seguridad habrá allí niños mejor preparados que él, pero cuando llega su turno de hablar se convierte en un derroche de luz. Opacará a los otros y obtendrán el papel. Es de esta forma que consiguen sus metas. Por supuesto, una vez obtenido su objetivo es posible que abandonen la actividad por aburrimiento.

Tal como comenté anteriormente, son capaces de aprender muchos oficios. Su constante movimiento los impulsa, no solo de forma física sino también intelectual. Se encuentran en una búsqueda constante de conocimiento. Esto no implica necesariamente un estudio académico, sino algo más empírico, basado en la experiencia.

Aprenderán a hacer cosas que, luego, van a querer compartir con sus amigos: un nuevo juego, una canción, tocar un instrumento, las opciones son infinitas. Son pequeños maestros de sus compañeros de juego. Siempre tienen un conocimiento y les gusta expresarlo. No obstante, podemos darle la vuelta a esta habilidad para impulsar el estudio en la escuela, teniendo en mente usar estrategias más dinámicas de lo normal.

Por último, son adaptables. Esto les hará soportar muy bien los cambios e incluso aceptar las tragedias que puedan presentarse ante ellos; es decir, pueden recuperarse de los golpes de la vida con más facilidad que otros números.

Aspectos negativos para cuidar

Deben trabajar en ser constantes, la mayoría de las oportunidades se les presentan de manera sencilla; esto les lleva a no apreciar lo que tienen e incluso pueden despreciar sus propios logros. Es cuando surge en los niños una sensación de insatisfacción, tener todo lo que quieren sin esfuerzo los hace pensar que no existe algo por lo que valga la pena luchar en la vida. Estas emociones son peligrosas, se pueden transformar en niños apáticos cuando están con otros, se asilan y terminan cayendo en fuertes depresiones.

Por esta razón, me gusta hacer hincapié en que la suerte es un arma de doble filo. Lograr cosas grandiosas también se revierte atrayendo grandes desgracias. Una de las más preocupantes adversidades que pasan son las adicciones. Hay que aceptar que son niños muy lindos, y por eso, emana en los adultos, así como otros niños, el deseo de darles todo lo que piden. Esto es un enorme riesgo porque no sabemos que pueden ofrecerles de comer o beber. Las drogas y el alcohol son las más grandes adicciones que pueden tener, pero si pensamos en los niños pequeños la lista se amplía a cosas que nos parecen inocuas: la comida, al azúcar, al teléfono celular, las computadoras y los videojuegos pueden descontrolarlos. Hay que vigilar el acceso de estos elementos y hacer énfasis en no permitir que familiares, amigos u extraños se los proporcionen. Existe mucha diabetes entre los número cinco por causa de estos comportamientos.

Otra cosa muy peligrosa para el número cinco es la carencia afectiva. La falta del padre o de la madre puede destruirlos. Esto sucede porque desde que nacen piensan ser especiales y la gente a su alrededor les refuerza ese pensamiento. Así que, con eso en mente se preguntarán por qué su mamá o papá no está con ellos, si se supone que son los mejores niños sobre la faz de la Tierra. Las ausencias que no se justifican o explican pueden llevarlos a perder su autoestima y caer en depresión. Si somos padres solteros lo mejor es tratar de involucrar al progenitor ausente, así sea con pequeñas historias. Son pequeños para los que es importante conocer su origen.

Para tener en cuenta

Ahora bien, la numerología cinco presenta características muy marcadas de carácter que los distinguen mucho de otros niños. Debemos darle importancia a los pequeños detalles, de ello dependerá que tengan un futuro exitoso o no.

- Pueden tener ser pequeños rebeldes debido a la necesidad de enfrentarse a todo lo que tienen. Es como si quisieran negar sus logros porque no les parecen suficientes o bien ganados. Son los niños que ganan el primer lugar en una carrera y luego te dicen que podrían haberlo hecho mejor. Necesitan estimulación, ganarse las cosas y sentir que se esfuerzan.
- No podemos aceptar que desconocidos les den muchos cumplidos. Convertirán su belleza natural en vanidad y esto, a su vez, les hará personas superficiales. Hay que inculcarles la humildad para no acrecentar esta peculiaridad.
- Los padres de niños cinco deben destacar lo siguiente en su mente: una gran bendición viene acompañada con cargas. Pueden ganar cosas que luego les traen infortunios, es una especie de karma. Lo mejor es no acostumbrarlo a cosas materiales, pues lo que fácil llega, fácil se va.
- Los cinco que han nacido en un entorno desafortunado serán aquellos a los que ves resaltar entre todo lo gris, tienen un brillo propio que los hará salir adelante.

Ambiente ideal

La casa y cuarto de los niños procuremos que estén decorados con sencillez, no hay que sobrecargarlos de objetos. Evitar lujos innecesarios es preciso para contrarrestar su tendencia natural al materialismo y narcisismo. Si controlamos esto podremos hacer de ellos unas personas con los pies en la tierra. Si desean alguna cosa especial para decorar su habitación debemos hacer que se la ganen, poniéndoles alguna tarea sencilla.

No dejemos a su alcance objetos que les pueden causar mucho interés: la televisión y la computadora, deben ser utilizadas con horarios.

Actividades deportivas y recreativas

Tiene la ventaja de contar con equilibrio entre la parte física y metal porque se les dan bien todo tipo de actividades. Pueden practicar cualquier clase de deporte. Eso sí, no van a ser los mejores. Los niños sienten que no hay necesidad de dar su mejor esfuerzo debido a la suerte con la que cuentan. Evitar deportes extremos y cercanía con motos, pues, con un espíritu tan aventurero existe el riego de accidentes. Es prioritario ayudarlos a concretar sus objetivos, si desean ser atletas profesionales la suerte no les va a ayudar en ese sentido, solo el entrenamiento constante.

Es importante estimularlos con la lectura, los cuentos, las novelas para niños, etc. Las narraciones de Julio Verne, por ejemplo, son recomendadas porque son chicos que están en un constante viaje, quieren experimentar todo lo que la vida ofrece y a través de la lectura pueden llenar esa parte de su ser. La danza, pintura, escritura creativa son favorables para su desarrollo intelectual.

Este tipo de actividades les preparan para la vida agitada que tendrán de adultos. No tienen una carrera académica o laboral determinada porque pueden probar muchas cosas. Sus *curriculum* suelen estar llenos de trabajos diferentes y en todos aprenden algo de provecho. Esta última habilidad les lleva a tener más experiencia vital que la mayoría, por lo que, en su madurez pueden convertirse en grandes escritores, ya que tendrán suficiente material para compartir con el mundo. De allí que el acercamiento a los libros desde temprana edad sea indispensable.

En la parte espiritual

Son seres de luz a quienes los cambios les favorecen. Están conectados con su propia energía interna. Sin embargo, deben ser educados para poder acceder a esta condición. Son infantes que sienten mucho amor hacia las cosas hermosas, cuando entienden que la belleza interior es la que cuenta pueden desarrollar sus dotes psíquicas en mayor grado. De hecho, una de sus opciones de vida es dedicarse por completo al trabajo del área espiritual. No obstante, estamos hablando de espíritus libres que no pueden ser direccionados en este aspecto. Deben descubrirlo mediante sus experiencias, así que el acercamiento que tengan al área en la infancia debe partir siempre desde lo positivo.

Educación

Pueden llegar a ser buenos estudiantes, pero requieren de atención, pues se distraen. Por eso, no es recomendable que esté en grupos muy grandes de 40 alumnos. Si no podemos evitar que estén en salones de muchos alumnos, en casa debemos trabajar el cumplimiento de las tareas. A los niños cinco les gusta la perfección en la escritura, es bueno practicarla con ellos. No obstante, su rutina no debe ser muy rígida o se sentirán atrapados. Darles 45 minutos continuos de estudio y, luego, pasar a un descanso o actividad más enérgica por 30 minutos. Si queremos que vuelvan a enfocarse hay que tomar otros 10 0 15 minutos para que se calmen y encaminen en las tareas. La repetición de estos hábitos les hará ser muchos más concretos a la hora de estudiar. Es una buena idea que aprendan con canciones y juegos, eso los estimulara más en la parte académica que la repetición tradicional de conceptos.

Relación consigo mismo y otros niños

Se van a relacionar a partir de la imagen externa, para ellos es muy importante arreglarse, estar peinados con la ropa limpia y perfecta, siempre mostrando su mejor cara a los demás. Los pequeños que siempre vemos con el uniforme impecable, mientras sus compañeros están hechos un desastre después del recreo. Este comportamiento viene dado por su connatural vanidad, siempre tratando de proyectar que son especiales.

Son, por lo tanto, pequeños muy coquetos. Llegan a ser enamoradizos desde temprana edad porque se les da la oportunidad: atraen la mirada de sus pares. Por otro lado, su tendencia al cambio también los llevara a tener muchas parejas en la etapa adulta, pues creen que siempre pueden obtener algo mejor.

Es importante inculcarles valores como la tolerancia, buscar en el interior y no en el exterior los atributos de las personas. Hacer esto prevendrá que sean niños superficiales o materialistas que juzguen al otro por lo que tienen, en lugar de por lo que es.

Historias para reflexionar

La flor perfecta

Una anciana que vivía sola, no encontraba más placer en su vida que cuidar con mimo su jardín. Adoraba plantar pequeños árboles frutales y verlos crecer, pero lo que más amaba eran las flores, tenía tulipanes, camelias y azucenas. Un día un vecino le regalo unas semillas. Eran rosas rojas, la anciana se emocionó mucho porque era lo que le faltaba a su jardín para ser perfecto.

Preparó la tierra, arrojó las semillas y regó con agua. Pasaron los días y ya se empezaban a ver los pequeños brotes de las hojas. Pero había un brote en particular que era hermoso, su semilla cayó en el mejor lugar del jardín. Tenía todo lo necesario para crecer luz, sombra, agua y el suelo con mayores nutrientes. A medida que pasaba el tiempo las plantas de rosas crecían y el hermoso brote, pronto tuvo un capullo. Fue el primero en salir, los demás todavía eran pequeños y feos en comparación. La insipiente flor parecía burlarse de las otras con su hermosura, seguía al sol para destacar siempre durante el día. Pronto comenzó a abrir sus pétalos y la visitaban las abejas para contarle sus aventuras. La flor era la más popular del jardín, se sentía especial, bendecida por la belleza que la suerte le trajo. La anciana notó la flor, destacaba entre todas. Comenzó a regarla primero que a las otras y le hablaba de lo hermosa que era, no creía que tanta belleza pudiera florecer en su humilde jardín.

La joven flor se sentía como una diosa entre las demás rosas. Sabía que era perfecta y quiso demostrarlo abriendo sus pétalos, así recibiría todos los halagos y demostraría que era la mejor. Floreció completamente de un día para el otro. Cuando la anciana la fue a regar se maravilló, su flor favorita se había abierto. Entonces, tomó unas tijeras y la corto.

Moraleja: La flor, al igual que los niños cinco, tuvo suerte desde que nació. Por eso, era tan hermosa. Pero se hizo muy vanidosa con los constantes halagos. Su destino es paradójico: murió a causa de su hermosura. Nos remite al dicho: "Una gran bendición puede traer una gran desgracia."

El abuelo

Este era un abuelo muy juguetón al que le encanta contar historias a sus nietos. Todos los fines de semana tenían algo nuevo para decirles y los niños siempre tenían algo para preguntar.

-¿Abuelo a qué jugabas de niño?-Dijeron una vez.

- Bueno, mis niños, yo siempre me montaba en las matas de mango para comer los frutos. Corría por el monte con mis hermanos y una vez hasta me encontré una enorme cuerda. Se me ocurrió amarrarla a un árbol cerca del rio, balancearnos y saltar al agua. Era muy divertido. Los vecinos vinieron y se ocurrió cobrarles dos centavos por usarla. A mi mamá no le gustaba, decía que era un peligro.

-¿Y tenías mucho dinero abuelo?- preguntaron los niños.

-Ahorre mucho con el tiempo. Compraba caramelos en el colegio, y todavía me sobraba. Pero tuve que gastarlo todo un día porque, después de jugar en el rio, tenía que quitar la cuerda. Se la podía llevar alguien y seria el fin de mi negoció. La había amarrado muy fuete, tuve que subir a la rama para tratar de sacarla pero la rama era muy débil y se rompió. Al caer me quebré un hueso del brazo. Llorando llegue a la casa, mi mamá me regaño por estar jugando con la cuerda y mi dinero se fue con el doctor.

-¿Abuelo viajaste mucho cuando eras joven?- Preguntaron otro día los niños.

- Si, viaje por todas Venezuela y a otros países de Suramérica: Colombia, Ecuador, Perú, Chile y Argentina. Cuando tenía quince años mi padre decidió que debía aprender a tocar un instrumento. Yo no quería porque ya iba para la escuela y las clases de música eran todos los días. No me quedaba tiempo para hacer otras cosas. Pero mi padre decidió por mí. Aprendí a tocar la flauta, había mejores muchachos que yo en la clase, pero el maestro me escogió para ir a Barquisimeto y allá gane un concurso. Me gusto la experiencia, así que practique más y más. Me enviaron a más concursos por toda Venezuela, gane muchos de ellos. Así logre viajar a otros países tocando la flauta.

-¿Y por qué no viajaste más abuelo?

-Ya contaba yo con veinte años y mientras esperaba el autobús me robaron la valija de la flauta. Corrí tras el ladrón, lo agarre por la espalda y peleamos en medio de la calle. La gente creía que era solo una pelea de borrachos, no se dieron cuenta que aquel hombre me había robado. Llamaron a la policía y nos llevaron a los dos presos por alterar el orden público. Con toda la disputa y algarabía la flauta había rodado por la calle y se rompió.

En aquella época yo no tenía dinero para comparar otra, después pasaron muchas cosas y ya no pensé en la flauta.

-¿Y no estabas triste abuelo, por tu flauta rota?

-No, resulta que mientras estaba en la comisaría detenido se acercó una muchacha que estaba junto a mí en la parada de autobuses. Ella le dijo a la policía que el otro hombre me había robado. Me dejaron libre y le di las gracias a la muchacha. Me fui con ella y la flauta rota. La muchacha que me ayudo es ahora su abuela.

Moraleja: Los números cinco son propensos a la aventura, tienen muchas oportunidades ante ellos y cuando las aprovechan les rinden frutos. Otras veces puede que las cosas no resulten positivas o no pase lo que esperan. Con el tiempo se convertirán en personas como el abuelo del cuento con muchas anécdotas para contar.

Número 6

Representa al sexto sentido, la intuición, la construcción del mundo en 6 días, la sensualidad, la vanidad y la envidia.

Características generales

Los niños con número base seis serán muy independientes, se creen autosuficientes desde temprana edad porque tienen gran fortaleza espiritual y mental. Son emprendedores, de todos los números son los que tienen más posibilidades de ser comerciantes, ya que gustan de cultivar las buenas relaciones. Además, tienen poder de convencimiento a través de la palabra. Le gustan las cosas buenas de la vida, es materialista. Trataran de obtener un beneficio de todo lo que hacen. Siente una gran atracción hacia las artes, en especial hacia la música.

La intuición que poseen les lleva a ser buenos vendedores en su vida adulta. Saben lo que otros quieren y tratan de ofrecerlo. Además, están facultados para las matemáticas, lo que les hace buenos administradores. Durante la infancia este comportamiento se aprecia en los recreos: siempre tiene dinero para las chucherías, de alguna forma y con astucia dejan sin un centavo a sus amiguitos.

Entre sus rasgos negativos podemos encontrar el materialismo y su exigencia de perfección en todo. Son astutos, lo que puede llevarlos a malos entendidos con otros niños que sientan que se han aprovechado de ellos. Llegan a ser muy manipuladores con sus padres. Las carreras a las que serán más afines son Comercio Exterior, Contaduría, Derecho, Ingeniería, son excelentes gestores bancarios y abogados.

Aspectos positivos para potenciar

Tienen un carácter calmado y sereno, lo que les faculta para ser buenos mediadores entre sus compañeros de clase o amiguitos de la guardería. Serán los chicos que tratan de resolver los problemas balanceando los pros y contras de una situación. Siempre esperan obtener un beneficio por su intervención, no lo harán por simple altruismo.

Esta última cualidad los convertirá en niños trabajadores si les ofrecemos algo a cambio. No paran hasta alcanzar sus objetivos. Por ello, debemos colocar incentivos tangibles si queremos realicen algo. Este truco funciona muy bien en lo académico, pues, en las notas que obtiene ven una ganancia. Primero los hace sentirse bien con ellos mismos y segundo la notas les traerán frutos en su hogar. Les gusta hacer sentir orgullosos a sus padres.

La familia y el hogar son su mundo. Trabajarán siempre para mantener sus espacios en condiciones. Son buenos hijos, muy apegados a los padres. Tratarán de hacer sentir bien con su actuación a los que considere parte de su círculo de allegados.

Influirán de manera psíquica en el ambiente mediante la palabra, esto les llevará ser grandes conversadores. Niños que hablan hasta por los codos, pero siempre con lógica. Su conversación no es el azar, tratan de convencerte de sus ideas con lo que dicen.

Aspectos negativos para cuidar

Las matemáticas son su fuerte, pero les pueden traer un problema: la ludopatía. Hay que controlar su tendencia a los juegos de azar, en especial los que involucren cartas, pues, gracias a su intuición podrán ganar algunas veces y convertirse en adictos a esas sensaciones. Cosa que en la vida adulta solo les llevara a perder todo lo que tienen.

Ya que les gusta obtener beneficios de lo que hacen pueden convertirse en seres materialistas. No ayudarán a otros niños por buena voluntad, sino por rentabilidad. Hay que enseñarles a no ser crueles y ver por el prójimo para que puedan tener buenas relaciones o de lo contrario se volverán sumamente individualistas y solitarios. En ese sentido son propensos a la depresión.

Otro aspecto, involucra su carácter materialista, está en los problemas que su aptitud genera con otros pequeños. Fenómeno que se da generalmente en la escuela. Se valen de la astucia para dejar a otros sin dinero, no siempre son honestos a la hora de apostar o jugar. Ellos te dice: "Me das tanto si te gano jugando al escondite o futbol". Y harán lo posible por ganar, sin pensar que los demás niños pueden querer vengarse o, peor aún, que los padres de otros niños van a quejarse de que sus hijos siempre vuelven a casa sin dinero.

Cuando no consiguen las recompensas que quieren pueden estresarse mucho. Si pese a estudiar no sacan la calificación que ellos desean, se sentirán mal. A otros niños puede no importarles y lo dejan pasar, pero ellos por el contrario van a trabajar hasta el cansancio para conseguir sus metas. Debemos controlar esta conducta, pueden sufrir de agotamiento y en la vida adulta ser afectados por el estrés laboral.

La generosidad es un valor que deben cultivar, no son dados a compartir lo suyo. No suelen ser agresivos, pero pueden tornarse violentos cuando no obtienen lo que quieren o si les quitan algo sin consultarles. El autocontrol de la ira es importante enseñárselos: contar hasta diez o respirar profundamente.

Para tener en cuenta

Las recomendaciones para este número son pocas, ya que la mayoría de sus peculiaridades se dan a partir de su materialismo y autosuficiencia.

• No podemos cambiar su gusto por trabajar solos, aunque mediante la educación podemos hacer que toleren mejor el trabajo en equipo. Si desde pequeños les enseñamos a tener relaciones de reciprocidad y no basadas en la rentabilidad.

• Por otro lado, son pequeños de ideas concretas: debemos ser directos en nuestra comunicación con ellos. Si quieren saber algo hay que decírselos. Ellos son de los conectan el punto A con el punto B de forma lógica, así que mejor no andarse por las ramas o encontrarán información en sitios equivocados. Esto viene dado porque son astutos e inquisitivos.

• La sobreprotección no va con ellos, se tornaran rebeldes si se sienten encerrados. Buscarán romper de cualquier forma las cadenas que los atan. Debemos darles libertad para ser ellos mismos. Si como padres somos muy controladores los sacaremos de equilibrio, ya que de forma natural creen poder hacer todo ellos mismos. Esto es muy interesante, pues, cuando son muy pequeños intentan alimentarse solos, bañarse y ser independientes.

• Ahora una advertencia. Es posible que si nuestros hijos no pasan de los siete años no lo tomemos muy en serio. Sin embargo, durante toda su vida debemos cuidar que no abandonen los estudios. Hay que insertar la idea en sus mentes de que solo estudiando podrán obtener dinero, de lo contrario dejarán la escuela muy jóvenes para ponerse a trabajar.

Ambiente ideal

Se siente mejor en ambientes donde tengan libertad, si bien, el orden es necesario y al igual que a todos los niños se les recomienda el uso de colores suaves. Estos chicos pueden ser más flexibles a la hora de decorar, incluso pueden ellos ayudar cuando tengan suficiente edad. Les ayuda a tomar decisiones propias. Los ambientes muy cerrados o con pocas ventanas los harán salirse de control. Prefieren los espacios abiertos.

Actividades deportivas y recreativas

Su interés por otras actividades va a ir de la mano con la rentabilidad que puedan sacar de ellos. Si sienten que obtendrán beneficios con las artes se centraran en esto, por el contrario si creen poseer actitudes físicas para algún deporte siempre se centrarán en los que mejor paguen. Son chicos que se preocupan mucho por el dinero y cómo obtenerlo.

Pero como padres es nuestro deber guiarlo en este sentido. Una actividad que los beneficiara es aprender a tocar instrumentos musicales. Tienen talento para la música, la búsqueda de la perfección los llevará muy lejos. Son disciplinados a la hora de trabajar y practicar.

En la parte espiritual

Se caracterizan por su amor a Dios, se impulsan por su fe, son los místicos de la Numerología. Todos tienen buenas vibraciones y sienten conexión con el Creador. Por todo esto, son llamados "los mensajeros de Dios".

Se conectan a través de la premonición. Tienen mucha conciencia de su mundo interior, siente y presiente las cosas mediante su sexto sentido. Son chicos que pueden disfrutar de ir a la iglesia, pero no deberíamos adoctrinarlos porque son espíritus libres. Sin embargo, es recomendable que tenga una guía espiritual desde que nacen. Están capacitados para grandes cosas en el área, recordando siempre que no puede ser nada muy invasivo o se cerrarán a su potencial.

Educación

Anteriormente, mencioné que ven todo según el provecho personal que puedan sacar. Esto nos proporciona una herramienta muy versátil: la recompensa. Si queremos que se enfoque en estudiar, simplemente, debemos ofrecerles algo que quieran, una salida, una comida especial. El estímulo ofrecido de preferencia no debe ser un objeto porque así alentamos su vena materialistas, lo mejor son retribuciones intangibles. Un simple abrazo hará la diferencia.

Debemos trabajar mucho su parte matemática para que sepan explotarla en el futuro. Para esto nos ayudarán los juegos de mesa y el Monopolio. No debemos ser muy estrictos con los horarios de estudio en casa, para eso ya tiene la escuela. Lo importante es ser constantes, aunque solo estudien 15 minutos al día.

Relación consigo mismo y otros niños

Tiene que trabajar la humildad y no dejarse llevar por la apariencia. Por naturaleza son superficiales, ya que les gustan las cosas concretas que les da el dinero. Esto es una desventaja, ya que pueden perder oportunidades de amistad con buenos niños solo por mirar qué tiene el otro y qué no. Enseñémosles mediante el ejemplo que pueden ser amigos de todos y que las cualidades son algo interior. Hablar de porqué somos amigos de alguien los ayudará con esto.

Si deseamos que, en un futuro, sean capaces de construir relaciones verdaderas deben aprender a ser más emocionales. A veces les cuesta conectar consigo mismos, cuando tengan este problema es recomendable colocarlos en baile, ballet o música porque les ayudará a estar conscientes de sí mismo y a exteriorizar sus sentimientos de otra manera.

Historias para reflexionar

El zorro astuto

Había una vez un zorro al que no le gustaba trabajar. Le daba mucho problema pararse temprano y salir de casa solo para tener un pan en la mesa. Él quería pasar el día por allí, mirando las nubes. Así que para poder comer se hacía el herido frente a la casa de unos humanos, estos se apiadaban de él y le arrojaban comida.

Un día mientras daba un paseo por el bosque se encontró con un osito, estaba solo y llorando. No teniendo nada más que hacer el zorro se acercó y le pregunto al osito lo que le sucedía. El osito le contó que estaba afuera de su cueva mientras su mamá cocinaba y vio una mariposa, la siguió sin darse cuenta que se alejaba de su casa hasta perderse.

El zorro no sintió mucha compasión, ese osito era algo tonto. Pero escuchó que la osa cocinaba, le preguntó al pequeño qué hacia su mamá para la cena.

-Pescado.- Le respondió. Al zorro se le hizo agua la boca. Tomó la pata del osito y le dijo que buscarían juntos la cueva. Trabajó muy duro durante dos horas, pero no encontró el hogar del pequeño perdido. Volvían a pasar por sexta vez por el camino cuando un enorme oso negro apareció.

-¡Papá!- grito el osito. El padre oso cargo con mucha alegría a su hijo. El zorro se acercó con cautela y el oso lo miro extrañado. Entonces, el pequeño osito le contó a su padre como su amigo zorro lo había encontrado y ayudado a buscar su cueva. El padre oso se sorprendió, los zorros no eran conocidos por hacer favores, pero estaba tan contento que invito al zorro a cenar como agradecimiento.

El zorro estaba muy feliz, su plan había funcionado. Esa noche se sentó a la mesa con los osos y disfruto de un enorme salmón. Era la mejor comida que había tenido. Con la panza llena se despidió y volvió a su casa. Al día siguiente volvió a sentir hambre, busco comida por el bosque pero no encontró algo que quisiera. Y le daba pereza hacerse el herido con la gente. Deseaba comer salmón otra vez.

Recorrió con sigilo el camino a la cueva y vio al osito sentado en la entrada jugando. El niño siempre hacia eso, al parecer. Al zorro se le ocurrió un plan. Caminó al centro del bosque y en lo alto de un árbol vio un panal de abejas. Con mucho esfuerzo y paciencia trepó hasta la cima para robar un poco de miel, así lo hizo, y la guardó en un pedazo de corteza. No salió indemne, sus patas tenían algunas picadas, pero logró escapar a tiempo de los aguijones.

Volvió a la cueva y dejó un rastro de miel de la entrada hasta el camino. Esperó un rato hasta que apareció el osito, otra vez perdido porque siguió el delicioso rastro de la miel. El zorro lo llevó a su cueva y otra vez fue invitado a comer salmón. Durante dos días más repitió su plan con otros elementos. Dejo fresas salvajes, difíciles de agarrar porque tenían muchas espinas y unas moras que eran custodiadas por unos pericos muy cascarrabias. Eran difíciles de obtener, pero valía la pena el esfuerzo.

Pero la tercera noche de su plan, al acabar la cena se levantó para irse y el padre oso lo siguió hasta la salida. El zorro estaba confundido, el oso nunca hacia eso. Gotas de sudor empezaron a cubrir su frente por el nerviosismo. Con voz profunda el oso dijo que se había dado cuenta que tenía heridas las manos con picadas, rasguños de espinas y picoteadas de aves. El zorro saltó hacia atrás alejándose del oso con miedo. Él oso ya se había dado cuenta de su plan, seguro sería su fin.

Sin embargo, el serio oso le indicó que lo siguiera para adentrarse en el bosque. Tan asustado estaba el zorro que no se pudo negar. Llegaron a la orilla del río, a un lugar escondido que el zorro nunca había visto.

-Alejaste a mi hijo de casa para tu beneficio, pero he visto las marcas en tu cuerpo. Te esforzaste mucho para conseguir la miel, las fresas y las moras. ¿Por qué no usas mejor tu tiempo y pescas tú mismo tu comida?- fue lo que dijo el oso. Quien le indicó al zorro un pozo lleno de salmones listos para aplacar su hambre.

Moraleja: El seis es un número muy trabajador, aunque pueden desviarse para conseguir lo que desean de forma fácil. Si enfocamos su ambición podría tener la misma suerte del zorro,

quien sin buscarlo demostró lo trabajador que podía ser y eso le
trajo un beneficio aun mayor del que aspiraba.

Pedrito y los caramelos

Pedrito era un niño al que le gustaban mucho las
matemáticas. En primer grado ya sabía cómo sumar y restar. En los
recreos se la pasaba contando piedritas, flores y todo lo que
encontraba en el patio de la escuela. Una vez después de clases,
mientras esperaba que su mamá lo fuera a buscar, se encontró con
Carlitos uno de sus amigos del salón. Carlitos lloraba porque su
mamá lo iba a regañar, salió mal en la prueba de matemáticas.
Pedrito se sintió mal por su amigo y en ese momento lo ayudó a hacer
la tarea de matemáticas que habían mandado ese día. Así la madre de
Carlitos no se molestaría tanto con él. Carlitos muy agradecido le dio
un caramelo. Desde ese día Pedrito ayudaba a Carlitos todos los días y
siempre recibía un caramelo.

Sus otros compañeros vieron que Carlitos salía mejor en
matemáticas, la maestra hasta lo felicitaba y sabían que era por
estudiar con Pedrito. Entonces, empezaron a pedirle ayuda, él no
pedía nada a cambio, pero igual ellos le daban los caramelos. Pedrito
se acostumbró a tener siempre caramelos en el bolsillo de su pantalón.
El rumor se extendió a otros salones y cuando vinieron los niños
buscando ayuda Pedrito les pidió caramelos. Pero con el tiempo
Pedrito empezó a comer más y más caramelos y ya no pedía uno solo
sino dos o tres cada vez que ayudaba a alguien.

Entonces, a Pedrito le empezó a doler el estómago todo el
tiempo. Su madre lo llevaba al médico y le preguntaban si comía
caramelos. Él decía que no, porque eran su tesoro secreto. Hasta que
un día sin previo aviso vomito frente a todos en el salón. Había comido
demasiados caramelos.

Moraleja: A los niños seis hay que enseñarles a ayudar a otros sin
beneficiarse de ello. De lo contraria se harán adictos a cosas que les
pueden hacer daño o se potenciara en ellos la codicia.

Número 7
Representa los secretos, el amor, la comprensión y la igualdad.

Características generales

Los niños asociados a la numerología siete son líderes por naturaleza, no se enfocan tanto en controlar las situaciones porque saben que las tienen dominadas. Ellos dirigen porque saben a dónde quieren llegar y cómo hacerlo. Esta facultad se refuerza a través de su poder sobre el verbo; convencen a todos con sus palabras, pueden ser muy intensos. De acuerdo con lo dicho, es el caudillo por excelencia, disciplinado e individualista. Aman más de lo que expresan, pueden con la enseñanza llegar ser muy cariñosos.

Poseen un aura que les protege e invita a otros niños a estar cerca de ellos porque inspiran lealtad, suelen ser muy buenos compañeros, ofrecen ayuda a sus amistades, pues, saben que en algún momento serán retribuidos. Estos niños se reconocen dentro de un salón de clases porque guían las acciones de los demás, su palabra es la ley. Aunque no son de los que organizan mucho a sus compañeros, eso se lo dejan a los número tres.

Entre sus rasgos negativos podemos encontrar que son orgullosos, celosos, egoístas, inseguros, controladores, posesivos de sus amigos y padres. Tienen tendencia a deprimirse, son melancólicos y desconfiados. Les cuesta expresar su cariño por otros niños. Su vida suele estar llena de éxito. Sus habilidades natas los hacen escalar muchas posiciones y obtener cargos de poder. Se desempeñaran muy bien en cargos de liderazgo político, social, económico y espiritual.

Aspectos positivos para potenciar
Las capacidades que demuestran los niños siete son muy grandes a nivel intelectual; hay en ellos síntesis de pensamiento.

Son chicos que pueden racionalizar muy bien los conocimientos que adquieren para luego poder transmitirlos. Dentro de un salón de clase son los que ayudan a otros a entender las materias. Es bueno saber esto porque nos ayuda a compensar los grupos de trabajo, tanto en la escuela como en casa.

Por otra parte, tienen mucha fuerza interior. Lo que se traduce en carisma al hablar y en un pensamiento sumamente positivo. Pueden enfrentar las adversidades de la vida con buena cara, pues creen firmemente que algo bueno sale de todas las situaciones. En consecuencia, tendremos niños que reflexionarán a partir de sus errores. He visto este comportamiento en los parques: los pequeños que corren con mucha fuerza en la grama, se tropiezan con las piedras y caen. Algunos chicos repetirán el patrón, pero un siete se levanta, estudia el sitio donde se cayó y ya no vuelve a pasar por allí.

Su disposición a compartir conocimientos los convierte en pequeños maestros. Hablan mucho, pero para enseñar a otros. Si tenemos en el salón un pequeño con alguna dificultad de aprendizaje, es bueno que haga amistad con un niño siete, pues, ellos tendrán disposición para explicarle las cosas, además una vez que forman lazos son muy leales a sus amiguitos.

Es importante integrarlos al círculo familiar; atender a sus opiniones. De esa forma, se sentirán compenetrados con sus padres y hermanos. Así se harán fieles al hogar, les gustará ayudar en tareas sencillas como lavar los platos o darán sus opiniones sobre los temas familiares. Por supuesto, en todo esto influye la edad, a medida que crecen pueden tomar más responsabilidades.

Su disposición para mandar está siempre presente, quieren ser el líder de los hermanos o hasta de los padres. Podemos aconsejarlos, pero al fin las decisiones siempre serán tomadas por ellos, no son dependientes. Sin embargo, no son solo una voz que quiere dirigir a los demás, por el contrario son muy felices de participar activamente en la ejecución de cualquier actividad, de allí que sean muy participativos y colaboradores. Tenemos con estas características un niño muy equilibrado entre lo físico y mental.

Aspectos negativos para cuidar

La precaución a la hora de criarlos es fundamental, si están fuera de equilibrio se convertirán en unos déspotas, tanto en el hogar como en la calle. Son esos pequeños que hacen berrinches increíbles en público, con tal de obtener lo que desean. Con ellos hay que dejar en claro las reglas del juego desde que son muy pequeños, no consentir sus caprichos porque tratarán de tomar control de la situación.

Esta situación se produce cuando sienten vacíos de poder en casa. Si el padre o la madre no son firmes al regañarlos ellos aprovecharán esa debilidad y la usarán contra sus familiares. Lo más frecuente es que se genere una conducta cruel hacia los otros, son descalificadores y se sienten orgullosos de esto.

Nunca debemos llegar a palabras fuertes con ellos. Debemos plantar posiciones firmes, sin retroceder ante nuestras palabras, lo que decimos debe hacerse y punto. No debemos usar descalificaciones al reprenderlos, esto solo provocaría que fueran más rebeldes o aún peor que se cierren, se tornen inseguros y ya no deseen hablar. Esto último también pasa cuando cortamos su capacidad de decisión, debemos dejar que se tracen metas y las cumplan, sin intervenir de forma arbitraria.

Se colocan mucho a la defensiva, pues, no aceptan las críticas. Hay que trabajar esto con ellos para que entiendan que del fracaso se puede aprender y de los comentarios constructivos también. Algo que debemos tener presente es que son muy sinceros. Cosa que es buena pero hay que decirles que sean prudentes, ya que suelen hacer comentarios en momentos desacertados. Ellos sienten que hacen un favor cuando es lo contrario.

Para tener en cuenta

Ser un líder puede traerles muchos beneficios, pero siempre hay dos caras de una misma moneda. Todo su potencial puede revertirse, sino los sabemos tratar. Algunas recomendaciones para ellos serían:

• Se saben especiales y se sienten muy orgullosos de eso. Hay que enseñarles el valor de la humildad o pueden tener problemas para hacer amigos verdaderos.
• Pese a su comportamiento hablador y sed por compartir lo que saben, sus emociones tienden a permanecer reprimidas. No es que sean insensibles, por el contrario son muy emocionales, pero no saben cómo expresarse. Debemos alentarlos a enfrentar sus sentimientos, podemos estimularlos hablando de los nuestros con ellos, explicándoles que no deben avergonzarse de mostrarlos. Ejemplo: un niño varón de unos seis años se cae en la calle. Al levantarse tiene muchas ganas de llorar, porque le dolió el golpe y además está abochornado. Tradicionalmente, el padre le diría que no llore, porque los hombres no lloran y punto. Ese tipo de enseñanza solo hará que un varón siete se cierre más a sus sentimientos, vamos a cortar su inteligencia emocional. Si el niño quiere llorar debe hacerlo, lo correcto es decirle que no tiene que avergonzarse, pues, cualquiera se puede caer.
• Son niños que cuando aprenden a amar son muy cariñosos, te besarán y abrazarán a más no poder. Pero si se sienten traicionados jamás te perdonarán. Con la misma fuerza que aman odian. Por eso, es importantísimo no reprenderlos de manera física, jamás olvidarán eso. Cuando son maltratados se potencian en ellos los sentimientos negativos, esto a diferencia de un niño tres que tiene capacidad para perdonar.

Ambiente ideal

Los colores neutros son ideales cuando son muy pequeños. Las normas deben cumplirse dentro de la casa, tanto por los niños como por los adultos. Lo que no se puede mover debe dejarse en su lugar, los horarios hay que cumplirlos, debe ser así o el niño lo verá como una debilidad. Hay que practicar lo que se dice, no quedarnos solo en la teoría.

Los ambientes no pueden ser restringidos, deben tener acceso a toda la casa, excepto áreas peligrosas como la cocina. Esto se debe a que necesitan libertad para crecer. Con el tiempo hay que permitirles decorar su cuarto, la toma de este tipo de decisiones les hará sentirse parte de la familia, a la vez que refuerzan su individualidad.

Actividades deportivas y recreativas

Pueden practicar una gran diversidad de actividad para estimularlos física y mentalmente. Es importante que notemos su nivel de energía, ya que tienden a la hiperactividad, lo que ocasiona que los deportes tranquilos como el golf no sean propicios para ellos.

Dentro de la parte física es importante que practiquen ejercicio con mucho gasto de fuerza: las carreras, el Atletismo y la Natación son excelentes porque les permiten quemar su exceso de vitalidad y son deportes individuales. Les gusta mucho competir y centrarse solo en lo que ellos hacen. Eso no quiere decir que los deportes grupales estén prohibidos, pero debemos ser conscientes que van a querer dominar a los miembros del equipo. Si practican futbol van a querer ser los capitanes. En este caso hay que hablarles de la tolerancia y humildad para que acepten la existencia de niños con mayores habilidades que ellos.

En cuanto a las actividades para estimular sus mentes es necesaria la lectura, pues, tienen una gran sed de conocimiento. Las clases de escritura creativa son recomendadas porque tienen mucho que decir y es una forma de compartirlo. Además aprenderán a organizar de forma más efectiva su pensamiento.

Pueden participar en danza, música y teatro, en todo buscarán ser los mejores y les ayudará a potenciar su facultad comunicativa.

En la parte espiritual

El poder del verbo influye a todos los que les rodean y puede elevarlos a nivel espiritual. Trabajan desde el corazón y eso los lleva a acercarse a Dios; su disposición para amar es la culpable de esto. Si tienen mente y cuerpo en armonía serán niños que sienten o presienten los sucesos futuros. No hay que adoctrinarlos en una religión o creencia específica, pero debemos mostrarles las opciones para que con el tiempo la asimilen y pueda decidir lo que quieren hacer.

Muchos líderes espirituales tienen numerología siete, esto los llama a descubrir los misterios de la vida y el universo para poder ayudar a los otros. Es un número mágico y sagrado por excelencia porque es el perfil espiritual de todo lo existente: el séptimo cielo, las siete Iglesias, los siete tronos de David, las siete generaciones desde el nacimiento de David a Jesucristo, los siete colores del arcoíris. Las asociaciones místicas que tienen los pequeños son muy fuertes, tenemos que prestarles atención y escucharlos sin emitir juicio cuando ellos sientan el llamado en esta área de sus vidas.

Educación

Tenemos que guiarlos hacia metas positivas y vigila a sus amigos. No son chicos influenciables, pero pueden tender a malos comportamientos si están rodeados de chicos disruptivos. Si están rodeados de caos se convierten en líderes negativos dentro de un salón de clases.

Es importante que los enfoquemos en el estudio tranquilo y darles libertad. No podemos ser muy estrictos a la hora de establecer una rutina, porque tendrán brotes de rebeldía para intentar hacer su voluntad. Lo mejor es dar unas pautas flexibles, en donde tenga un margen de maniobra amplio para que sientan que hacen lo que quieren.

En general, aprenden como otros niños, a través del juego y las repeticiones. Son buenos los juegos de mesa, los rompecabezas y los trabalenguas. Ellos siempre van a querer más información con explicaciones precisas, así que debemos prepararnos para contestar sus dudas.

Relación consigo mismo y otros niños

Si se encuentran en balance podrán relacionarse con otros sin dificultad. Tienden a ser demasiado sinceros con sus opiniones y llegan a lastimar los sentimientos de otros niños. La prudencia y la oportunidad al hablar son valores que debemos cultivar con ellos. Inspiran a muchas personas, así que siempre estarán rodeados de niños y adultos. Cuando aman lo dan todo, sin embargo, pueden llegar a ser miserables porque no son humildes y se relacionaran con otros niños desde el orgullo. Hay que trabajar la expresión de las emociones para evitar esto o serán pequeños solitarios y deprimidos. Cuando están en equilibrio les gusta hacer sentir bien a los demás, por lo que a veces dan más de lo que reciben.

Historias para reflexionar

Rebecca

Rebecca nació una mañana y así como la luz del sol iluminó la habitación que la vio nacer, ella lo hizo con la vida de sus padres. Fue un bebé adorable e inquieto. Cuando lloraba en su cuna a medianoche, los pies de su padre se arrastraban hasta su cuarto para consolarla. Su madre la amamantó con un amor pocas veces visto, en sus labios siempre una sonrisa mientras la miraba mamar de su pecho.

Pronto aprendió a sentarse, a comer con las manos y balbucear. Su piel tostada adquirió un sonrojo hermoso cuando comenzó a jugar en el parque. Sus padres siempre estaban con ella y le decían lo mucho que la amaban. En especial su papá, no perdía oportunidad para besar su cabeza. Había esperado mucho por su hija, ella al fin llegó y fue perfecta.

Cuando Rebecca tenía un año ya caminaba, hurgaba por todos los rincones de la casa, en ocasiones tomaba lo que no debía porque aún era muy pequeña para saber esas cosas, otras veces se metía en medio de la ropa recién lavada y la tiraba al suelo. Pero su padre era su gran cómplice, la salvaba de los regaños de su mamá.

Siguió creciendo, aprendió a hablar y contaba todo lo que veía en la televisión o lo que había aprendido jugando. La noche se convirtió en su momento favorito, era cuando papá llegaba de trabajar y solo a él podía contarle lo que hacía durante el día en casa con su mamá. Su padre estaba encantado de lo apegada que era la niña a él. Al cumplir tres años llegó el momento de ir al preescolar. Sus padres estaban emocionados porque haría amigos, a ella no le gustó tanto la idea. El primer día fue terrible, se lanzó al piso y empezó a llamar a su papá llorando. Tuvieron que buscarla a las pocas horas y hacer grandes esfuerzos para que se acostumbrara al nuevo espacio.

Todo se solucionó, simplemente su papá tenía que llevarla y buscarla. Eso le daba seguridad. Terminó por hacer amigos, su familia se alegraba, no querían que fuera una niña solitaria.

En el patio de la escuela las maestras siempre observaban como jugaban los niños. Rebecca y sus amigos solían jugar con una pelota, ella siempre le decía a los otros que hacer, los organizaba y ayudaba para golpear la pelota. En ocasiones hacían varios equipos y competían entre ellos. El equipo de Rebecca siempre ganaba.

Ella les contaba esto a sus padres, estos se reían y la felicitaban. A veces no les decía que la maestra la regañaba porque no dejaba jugar a sus amigos con otros niños, pero eso no importaba porque la maestra también se equivocaba. Como cuando olvidaba pedir una tarea o la fecha y una vez la reprendió por decirle a José que dejara de dibujar, porque no podía hacer nada bien. De verdad José no sabía dibujar, Rebecca solo le dijo la verdad, pero la maestra exageró.

Para entonces, Rebecca ya tenía cinco años y seguía siendo la consentida de la casa. Adoraba más que nada a su papá, porque era solo suyo y la quería mucho. Si quería jugar, un dulce, dormir, no ir a la escuela, solo tenía que ir con papá y él arreglaba todo. Pocas veces hacían reuniones familiares en su casa, venían sus primos y corrían por todos lados. Ella solo les decía que hacer y por dónde jugar, pero prefería sentarse en las piernas de su papá toda la tarde.

Con el tiempo su mamá empezó a ponerse gorda. Rebecca pregunto por qué y le dijeron que iba a tener un hermano. Ella se alegró, un hermano era alguien a quién podría enseñar a jugar, cómo caminar, qué hacer y qué decir. Cuando su hermano nació la casa se inundó de felicidad. Era un niño muy parecido a Rebecca con la piel tostada, la niña lo quiso mucho.

Sin embargo, las noches se llenaron de llantos y gritos. Sus padres ya no podían jugar cuando ella quería porque estaban muy cansados. La niña comenzó a estar un poco triste por la falta de atención, pero en el colegio hizo más amigos, inventó más juegos y se los enseño a sus compañeros. Había días en los que gritaba a otros niños, pero es porque no hacían caso a sus complejas instrucciones. Al final todo salía bien porque la obedecían. La maestra la regaño varias veces, por eso. Pero sus amigos eran suyos, que iba a saber la maestra. Sus padres hicieron otra fiesta para presentar a su hermano a la familia. Vinieron de nuevo abuelos, tíos y primos a su casa. Todos querían ver al bebé, Rebecca se paró junto a él orgullosa. Lo presentó a todos como su hermano, no dejo hablar a sus padres. El bebé se durmió en su cuna y la fiesta continua como de costumbre, con Rebecca sentada en las piernas de su papá mientras habla con sus tíos.

Hasta que el bebé despierta llorando y su madre ocupada no puede ir a revisarlo. Su padre la baja de sus piernas y va a ver al bebé, cuando regresa lo trae con él y no hay espacio en sus piernas para Rebecca. Entonces, la niña frunce el ceño y con los brazos rígidos se para frente a su papá. Le dice que quiere sentarse en sus piernas, su padre ríe un poco y le dice que no se puede porque está cargando al bebé. La niña grita que se quiere sentar en sus piernas, su padre la reprende, no entiende porque actúa así la niña de sus ojos.

Los adultos en la sala no dicen nada, la niña está muy molesta y sin previo aviso empuja a su hermano de los brazos de su padre que por la sorpresa no puede reaccionar rápido. Él bebé cayó al suelo y Rebecca se sintió contenta porque ahora no había nada que le impidiera estar con su papá.

Moraleja: Rebecca siempre fue una niña número siete, pero fue muy consentida desde que nació y creó una relación de dependencia hacia su padre. Ella veía el amor que le daban como un estado de pertenencia. Incluso sus amigos le pertenecían y por eso, tenía algunos comportamientos crueles.

¿Qué es el amor?

Un día un maestro muy sabio preguntó a sus alumnos si sabían lo que era el amor. Ninguno pudo contestar porque el amor es algo complicado. Así que el maestro les dio una tarea. Debían salir al patio y buscar el amor por treinta minutos. Cuando lo encontraran debía traerlo ante él para explicarlo. Los alumnos salieron al enorme patio y comenzaron a caminar en diferentes direcciones, todos excepto una muchacha quien se detuvo a pensar un poco, como distraída de la tarea, para luego avanzar por el patio en pasos lentos. Al concluir el tiempo los alumnos volvieron al aula con el maestro. Todos excepto la muchacha traían consigo un objeto.

El maestro pidió a los alumnos que mostraran y explicaran lo que habían encontrado. El primero tenía una flor, era hermosa al igual que el amor. El segundo trajo un pequeño pincho de ave, era gracioso al igual que el amor. El tercero se acercó con una oruga, era extraña al igual que el amor. Al llegar el turno de la muchacha, el profesor notó que no traía nada con ella. Le preguntó porque no encontró algo que le recordara al amor. Ella un poco avergonzada por no cumplir la tarea respondió que vio la flor y le pareció hermosa, pero luego sintió su perfume y decidió no arrancarla para que siguiera exudando su maravilloso aroma. Luego vio al pequeño pichón y quiso subir al árbol para agarrarlo, pues, le pareció gracioso. Pero vio la mirada de tristeza de su madre quien ya lo creía perdido y decidió mejor dejarlo en su nido. Después, se encontró con la oruga y le pareció extraña al principio hasta que recordó que un día podría ser una mariposa voladora.

La muchacha reflexionó sobre la tarea mientras hablaba; le dijo al sabio maestro que traía consigo el perfume de la flor, la gratitud de la madre y la promesa de libertad y cambio de la oruga en mariposa. El maestro le dio las gracias a la muchacha. Ella había sido la única en darse cuenta que el amor no es algo material que podamos tomar con nuestras manos, sino algo que se lleva en el corazón.

Moraleja: El amor se siente, hay que tener sensibilidad para vivirlo. El siete posee estas cualidades, no es materialista en ese sentido, quiere el amor y darlo mucho del mismo a cambio.

Número 8
Representa la coronación, el reinado, la fuerza, la astucia para gobernar y la supervivencia.

Características generales

Los niños con numerología ocho se denominan "príncipes coronados" porque han venido a la tierra a reinar. El ocho representa la vida y el renacimiento, por eso se sienten dueños del universo, son líderes natos. Tienen una gran inteligencia, comprenden cosas que otros niños no pueden, con su agudo cerebro logran dominar casi todas las situaciones.

Su sentido más desarrollado será el tacto, se comunican a través de él. Son niños que abrazan mucho a sus padres, así expresan su amor, pero con un sentido de pertenencia: "Todo lo que toco o está en mis manos es mío, me pertenece."

Son proactivos y piensan mucho antes de hacer las cosas. Dentro de la numerología son privilegiados, pues, son aptos para desarrollar casi cualquier tipo de trabajo intelectual. Son muy fuertes en el liderazgo y si tienes un niño ocho es posible que el futuro traiga la abundancia a la familia, ya que gustan de los negocios expansivos.

Entre sus rasgos negativos tenemos principalmente la falta humildad, se pueden creer "la tapa del frasco". Sus muchos logros los llevan a actuar con soberbia, pueden humillar y despreciar a los que no consideran sus iguales. Son testarudos e impulsivos, les gusta tener siempre la razón y tienen adicción al poder.

Sus múltiples talentos y deseos de triunfar los pueden llevar a convertirse en empresarios, políticos, médicos cirujanos, escritores, o científicos. Siempre van a querer llegar a lo más alto en los aspectos prácticos de la vida.

Aspectos positivos para potenciar

Estamos en presencia de niños muy racionales, no hacen nada sin pensar primero para evaluar las mejores opciones. Este tipo de pensamiento lógico debe ser reconocido por los padres. Si los alentamos a diferenciar los riesgos y las oportunidades serán exitosos en cualquier etapa de sus vidas. Tienen sueños que desean cumplir, pero no fantasean con cosas imposibles.

Tiene metas e ideas concretas. Para ellos todo se puede lograr, pero mediante el trabajo. Si quieren un juguete se esforzaran en sacar las mejores notas para que sus padres se lo compren.

Son capaces de hacer buenos amigos y ser ellos mismos muy fieles a la amistad. Le gusta ayudar a los otros, con su inteligencia pueden controlar un grupo para llevarlo al éxito. Su objetivo es siempre crear cosas buenas para mejorar el mundo. Esto comienzan a hacerlo en la infancia, mostrando signos de amistad como: ayudar a hacer las tareas a sus compañeros, crear un horario para distribuir mejor los quehaceres del hogar; empiezan con ideas pequeñas que luego van incrementando su extensión.

Es un impulsor para la superación de otros números. Él reta a los demás niños a ser mejores. Si realizan un deporte de equipo se convertirán en los capitanes, y van asumir su posición con responsabilidad, buscando los talentos de cada integrante y apoyándolo para que lo desarrolle. Son muy buenos para dar palabras motivadoras.

La perseverancia es una de sus más grandes cualidades y es debido a ella que podrán triunfar. Debemos ponerles pequeños desafíos o series de tareas con fin específico, eso estimulará su habilidad para que en el futuro, puedan sacar provecho tanto en lo académico como profesional.

Aspectos negativos para cuidar

Debemos inculcarles valores morales y ética, su liderazgo no se basa en el carisma sino en la inteligencia, de allí que puedan verse corrompidos por el poder y abusen de él. Con dicha característica pueden llegar muy lejos, pues no se conforman con metas pequeñas. Sin embargo, si crecen dentro de un ambiente tóxico todo lo positivo se transformará en algo muy obscuro.

Hay que tener presente que si deciden ser delincuentes, no van a ser criminales comunes. Ellos serán los jefes de una mafia o banda. Tienden a pensar en grande en cualquier situación. Lo que busco con este libro es evitar estas situaciones, así que debemos siempre fomentar metas positivas.

Algo que debemos evitar es mandarlos con mucho dinero a la escuela, son unos derrochadores empedernidos. Les gusta gastar, si les dejamos comprar su comida en la escuela es probable que se vayan por la opción más cara y generalmente la menos saludable. Lo mejor es mandarlos con una merienda desde casa o darles un presupuesto reducido. Deben aprender el valor del dinero para que al crecer no desperdicien todo lo que tengan.

Por otro lado, tenerlos siempre dentro de casa los hará sofocarse, suelen ser tranquilos pero requieren de espacios abiertos para ejercer su voluntad. Cuando no deban hacer algo, como salir solos a la calle, debemos darles razones concretas y directas. La falta de explicaciones los pone nerviosos y rebeldes, puesto que desean entender todo. No es buena idea usar la frase: "Porque yo lo digo" para responderles. Ellos simplemente perderán respeto por los adultos con ese tipo de sentencias.

Otra reacción a la falta de explicaciones lógicas es la agresividad. Se ponen violentos cuando no les dejan hacer lo que quieren. Su actitud dominante puede hacerles chocar con padres y hermanos, llegando incluso a los golpes. Siempre quieren tener la razón, así que desde que nacen debemos dejar claro quién manda en la casa. Esto solo se logrará mediante normas, nunca con gritos o maltrato, hay que establecer bien qué rol cumple cada persona dentro de la casa.

Es posible que, dentro de un aula, se tornen impacientes si los demás niños no comprenden rápido las materias. Hay que explicarles que todos somos diferentes y no todos logran entender de la misma forma que ellos. Aquí la tolerancia es algo a trabajar en profundidad, ya que ayuda mucho con todos los problemas que describí anteriormente.

Para tener en cuenta

Algunas observaciones que me quedan por hacer sobre los niños ocho, ayudarán a sus padres a lidiar con su particular carácter.

• Debemos tener presente que pueden ser líderes, pero su dirigencia no se basa tanto en el carisma sino en la inteligencia. Por eso, logran todo lo que se proponen. Hay que darles metas positivas para que ejerciten su liderazgo. De lo contrario serán muy traviesos, mas no torpes, planearán muy bien todas sus jugarretas para salirse con la suya sin enfrentar consecuencias. En un salón de clase se pueden convertir en líderes negativos.
• Como adultos a veces creemos que los niños no pueden entender las complejidades de la vida y los problemas que surgen. No obstante, esto no sucede con los ocho. Su inteligencia les permite descifrar lo que pasa a su alrededor y si sienten que pueden ayudar trataran de participar. En esta circunstancia, lo mejor es explicarles las situaciones y dejarles hacer lo que deseen dentro de unos límites bien definidos.
• Con ellos no funcionan los castigos físicos, ni los gritos, solo las palabras bien empleadas en el momento justo. Debemos ser asertivos y no desesperarnos. Son niños que parecen no cometer

errores y cuando lo hacen se sienten perplejos, pues sienten mucho miedo ante el fracaso.
- Son muy testarudos y eso influye mucho cuando comenten errores. Hay que hacerle ver al niño que insistir en algo, no va a ser que las situaciones mejoren. Son el típico capitán que se hunde con su barco. Un ejemplo de esto sería cuando se equivocan en las actividades del colegio, el niño insistirá en que no se ha equivocado y discutirá con su maestra defendiendo su punto de vista.
- Debemos incentivarlos a divertiste porque se enfocan mucho en el estudio. En pensar demasiado Lo mejor es que tenga un momento al día para el esparcimiento. Podemos crearles un grupo de amigos, de preferencia que no incluya a un número siete u otro número ocho porque puede tener confrontaciones por el dominio.
- Deben trabajar la tolerancia hacia los demás, solo así podrán tener relaciones afectivas sanas.

Ambiente ideal

Son ordenados por naturaleza. Cada cosa tiene su lugar para ellos, pueden ser muy rígidos con la decoración. Para ellos colores vivos son lo mejor, pues los estimulara un poco más. Debemos incluir objetos divertidos y coloridos para estimular su imaginación y crear un espacio para los juegos. Ellos deben aprender a relajarse, por lo que las estructuras de sus espacios pueden ser más libres. La espontaneidad en la decoración les ayuda a no ser tan cuadrados de pensamiento.

Actividades deportivas y recreativas

Se esfuerzan mucho mentalmente todos los días, por lo que la parte física debe ser trabajada con ellos para que logren un equilibrio. Además, necesitan actividades que les ayuden a relajarse o pueden sufrir de muchos dolores de cabeza.

Los deportes en equipo son buenos para ellos, ya que les gusta impulsar a los otros hacia la excelencia. Su capacidad para organizar y delegar tareas les ayuda a posicionarse como capitanes o líderes de equipos. El baloncesto, fútbol, béisbol y en especial el rugby son deportes que requieren de un líder como ellos. Eso sí, deben practicar mucho porque uno de sus problemas con el ejercicio es que son muy buenos en la teoría, pero no en la realidad.

No son muy soñadores, hay que estimular su creatividad. La música y la pintura les pueden ayudar en este sentido, porque son distintas formas de expresión. Además, son actividades que involucran el estado emocional de quien las ejecuta, por lo que les ayudará a expresar aquello que no pueden mediante las palabras.

En la parte espiritual

Les cuesta involucrarse directamente con su mundo interior, ya que todo lo espiritual conlleva un acto de fe y ellos suelen ser muy incrédulos debido a su naturaleza racional. Son aquellos niños que preguntan: "¿Por qué Jesús en la cruz dice: Padre por qué me has abandonado, si se supone que vino a la tierra a sacrificarse por nosotros?" O una aún más clásica: "Si todo el mundo tiene mamá y papá, ¿quiénes son los padres de Dios?"

Para ellos los problemas se resuelven solo de manera práctica. No hay algo más allá. Tratar de involucrarlos con nuestras creencias solo les hará rechazarlas. Sin embargo, no debemos preocuparnos tanto en su infancia por este motivo, pues, durante su vida se darán cuanta que existe una energía que no puede ser explicada racionalmente y es cuándo comenzarán a explorar ese lado de su persona.

Educación

Los niños con numerología ocho en realidad no necesitan una didáctica especial para aprender, eso es algo natural en ellos. Lo mejor es apoyarlos con las líneas de investigación que les interese y nunca cortar su vena intelectual en favor de otras cosas.

Relación consigo mismo y otros niños

Tienen poca comprensión sobre el amor, las emociones y la expresión corporal. Ellos no están en contacto con esto, su eje central es su mente. En ocasiones, son niños que nos parecen demasiado serios o que se burlan de las muestras de cariño. Por eso, es bueno que practiquen Música y artes para que aprendan a expresarse mejor y estar balanceados.

Hay que darles una educación emocional para compensar su parte racional. Deben entender que el cariño se puede expresar con palabras y acciones. No son enamoradizos, aunque pueden amar mucho a otros cuando logran comprender que existen diferentes maneras de pensar. Insisto en trabajar la paciencia y tolerancia con estos niños.

Historias para reflexionar

El esfuerzo

Ingresar a la universidad en los Estados Unidos es todo un reto. Para empezar los gastos son exorbitantes y no todas las familias pueden cubrir la colegiatura de sus hijos. Además, las pruebas y requisitos suponen un desafío para la inteligencia de los jóvenes. Es por eso, que muchos se esfuerzan durante el bachillerato para obtener una beca. Solo los alumnos más aplicados o los mejores deportistas podrán disfrutar de este privilegio. La Universidad de Temple en Filadelfia no era diferente, mas no gozaba de la gran reputación de otras universidades famosas, por lo que su presupuesto se veía mucho más reducido a la hora de invertir en proyectos novedosos.

En esta universidad estudiaban cinco amigos, todos de orígenes muy diferentes, pero con dos cosas en común. Eran muy inteligentes, todos tenían una beca académica, y se conocieron en el club de ingeniera mecánica. Alfredo era de origen ecuatoriano, sus padres eran inmigrantes que lo llevaron a USA cuando él tenía 4 años de edad en busca de un mejor futuro. Su madre era costurera y su padre trabajaba en construcción. Marcos provenía de una familia de padres abogados, pero tenía dos hermanos mayores y dos menores, ese fue el motivo para pedir una beca para ayudar con los gastos de todos. Ángel era de Colombia, vivió toda su vida en su país, solicito un cupo desde allá y tuvo la bendición de ser aceptado. Debía trabajar medio tiempo para ayudarse con los gastos de vivienda. Robert tenía una hermana mayor y creció solo con su madre al lado, le gustaba esforzarse mucho en sus estudios para luego poder retribuirle a su madre que en una época llego a tener tres trabajos para mantenerlo. Por último, estaba John quien era el mayor de dos hermanos, creció a las afueras de Filadelfia junto a su madre ama de casa y su padre que era policía.

Los cinco chicos eran muy humildes, se sentían muy compenetrados porque entendían las luchas y problemas de los otros, se apoyaban tanto en los estudios como en la vida cotidiana. Por esa razón, el profesor encargado del club decidió entregarles el proyecto de construir un automóvil que ahorrará energía, le pareció que los muchachos trabajarían muy bien juntos y podrían sacar adelante la complicada tarea.

De inmediato se pusieron a trabajar. Realizaron los cálculos, los planos y algunas pruebas con los materiales que contaban en el taller del club. Pero se vieron en un problema, no existía suficiente metal para construir un motor y faltaban algunas herramientas necesarias. Pasaron una carta al decano solicitando recursos, pero les fueron negados. La universidad no podía darse esos lujos.

Así que Robert y Ángel comenzaron visitar algunas ferreterías, allí compraron las herramientas a bajos precios, como tenían trabajos de medio tiempo pudieron colaborar de esa forma. Para el metal John fue a la chatarrería con su padre, él sabía mucho de autos confiscados que terminaban en el vertedero y entre ambos escogieron las mejores partes. Marcos logró rescata el motor de una vieja podadora que tenía en casa. Alfredo tomo de su hogar algunas tuberías sobrantes de acero y PVC, fueron usadas en unas reparaciones recientes.

El profesor estaba orgulloso de sus alumnos, se veía que con ingenio podían superar los obstáculos. Su automóvil con los meses fue tomando forma y los informes que entregan sobre su avance eran impecables. Por eso, el profesor tomó la decisión de inscribirlos en un concurso nacional de tecnología. Tomo fotos del progreso y mandó los informes que habían completado los muchachos.

Cada día después de clases los chicos trabajan en su proyecto, les gustaba ocuparse y resolver los problemas que iban surgiendo. Grande fue su sorpresa cuando el profesor los informó sobre el concurso y más su consternación cuando les dijo que habían clasificado. Cumplían con todos los requisitos, solo debían ir enviando sus progresos para pasar a la siguiente etapa. Por supuesto, se emocionaron pero la Universidad de Temple nunca había logrado clasificar a ese concurso, por lo que no tenían muchas esperanzas de ganar. Con llegar a la final sería suficiente por esta ocasión.

Así pasaron los meses, hasta que terminaron el auto y lograron pasar a la final. Donde famosas universidades del país participaban. Los muchachos estaban nerviosos, se vistieron lo mejor posible y se capacitaron para las preguntas de los jueces.

Pero nada los preparó para la pregunta que los jueces hicieron el día de la premiación. ¿Cuánto dinero invirtieron en el proyecto? Es fue la básica pregunta que hicieron, ellos esperaban algo más técnico, no tan sencillo, mas no duró mucho su sorpresa porque empezaron a escuchar las respuestas de los otros concursantes. Harvard gastó 250.000 dólares, Princeton 120.000 dólares, Pennsylvania 200.000 dólares. Y así sucesivamente, hasta que llegaron a ellos. Ante semejantes cifras no sabían qué responder, tardaron un poco en decir que solo gastaron 187,25 dólares. Los jueces no lo creían y tuvieron que contarles toda su aventura. Al terminar se retiraron para deliberar.

Los muchachos sabían que habían perdido el concurso, la tristeza los invadió. Nunca pensaron que algo tan simple como el presupuesto del proyecto importaría tanto. Pero el profesor los consoló, les dijo que tan solo llegar hasta allí era un logro del cual debían sentirse muy orgullosos.

Llego el momento de anunciar a los ganadores. Princeton obtuvo el tercer lugar, Harvard el segundo. Los chicos perdieron la ilusión al escuchar esto, nunca creyeron lo que luego volvieron a escuchar sus oídos. Temple obtuvo el primer lugar, eran los ganadores de ese año. Saltaron, gritaron y se abrazaron. Al recoger su premio los jueces dijeron que su victoria se la debía a su inteligencia para aprovechar recursos reciclados, evitar gastar dinero innecesario y aun así tener un automóvil funcional que cumplía con todos los requisitos del concurso. El club de ingeniería mecánica se convirtió en el emblema de la universidad y ellos en héroes ejemplares.

Moraleja: Esto es una gran lección porque nos demuestra que el ambiente puede limitarte, pero si tienes las ganas y eres creativo puedes salir adelante. Los ocho son líderes por naturaleza y estas hazañas son posibles para ellos. Esta numerología está guiada por la planificación y buscar hacer realidad las posibilidades, siempre mediante el trabajo, no buscan las cosas por el camino fácil.

Las dos tribus

Cuenta una antigua leyenda que hace mucho tiempo en la tierra solo existía una pequeña tribu de humanos. Vivian en la selva, rodeados de grandes montañas, valles fértiles, agua, lluvia, animales de caza, vegetales y fruta. Tenían todo lo que necesitaban y no pensaban mucho en esto, pues todo se les daba fácil.

La supervivencia no era algo que les preocupara, no debía luchar por nada. Todos los días se repartían las tareas. Un grupo limpiaba, otro cocinaba, otro buscaba la carne, otros recolectaban las frutas y fue este último grupo el que comenzó a notar cosas extrañas. Debía buscar lechosa ese día, pero grande fue su sorpresa, la mitad de los árboles ya no tenían sus frutos. Regresaron a la aldea con la noticia y luego de discutirlo llegaron a un acuerdo: debieron ser algunos animales de la selva, seguro los monos había pasado por allí en su camino al rio.

Al día siguiente volvieron a busca fruta y otra vez la mitad de los árboles de mango había sido cosechada por los monos. No le dieron importancia esta vez. Sin embargo, poco a poco los cerdos salvajes que comían también se reducían en número, al igual que las gallinas y los peces del estanque cercano.

Se preguntaban a menudo si los animales habían aumentado tanto su número para necesitar la comida de ellos, los humanos. Nunca lo sabrían porque los animales no eran racionales. Y así, siguieron viviendo.

Un día un joven llamado Caricai salió a dar un paseo por la selva, era un chico poco intrépido, aunque le gustaba mucho pensar a solas, a veces se preguntaba si lo que tenía: casa, comida y paz era todo lo que necesitaba en la vida. Mientras divagaba mirando la puesta del sol notó un pequeño movimiento entre las hojas. Su mirada se posó en el punto donde un camino se abría paso entre los árboles, nada se movió por un rato hasta que de nuevo escucho ruido, sin temor el joven se acercó y allí descubrió que había una mujer que nunca antes había conocido y eso era raro porque en la aldea todos se conocían.

-¿Quién eres?- preguntó. La chica de piel morena y cabello negro le dijo que su nombre era Yoripa.- ¿De dónde vienes?- continuó el muchacho.

La mujer contestó que venía del oeste. Allí vivían antes ella y todo su pueblo, pero un día bajo del cielo un dios mitad pájaro que les dijo debían migrar al este para tener comida en abundancia, refugios más seguro y más personas para hablar. Los dos jóvenes siguieron hablando de sus vidas y Caricai se dio cuenta que la tribu de Yoripa era quien se comía las lechosas, los magos, los peces y los cerdos. Él no pensó que eso fuera algo malo, ahora tenía una nueva amiga. Se despidieron y el muchacho se fue corriendo a su casa a contarles a los demás lo que había descubierto.

Todos se sorprenden mucho, era impensable que existiera otra tribu en el mundo. No le dieron tanta importancia y fueron a conocer a los otros. Las dos tribus se trataron con amistad y simpatía. Los días fueron pasando y ahora se encontraban todo el tiempo en la selva y la tribu de Caricai siempre le mostraba a los otros como hacer las cosas, porque ellos había llegado primero y sabían más. Pero la tribu de Yoripa tenía sus propias técnicas y conocimiento, eran más rudimentarios pero funcionaban. La tribu más antigua empezó a ver con malos ojos esto, ya no les gustaba encontrarse con los otros en la selva, ni que se llevaran los alimentos porque todo eso había sido creado para ellos. Eran la tribu de los hombres que podían pensar, no eran simples animales.

Los ojos de la tribu de Caricai se volvieron fríos hacia los otros, no los respetaban y los creían unos intrusos salvajes. Y, así, empezó la guerra entre las tribus, porque unos se creían mejores que los otros y la tribu más antigua comenzó a negar a la gente de Yoripa el alimento, entonces estos robaron, los robos llevaron a la mentira, al sigilo y a la muerte de muchos. Nadie sentía pena o remordimiento.

Yoripa y Caricai eran la excepción seguían viéndose y hablando en la selva. No sabían cómo sentirse por lo que ocurría y un día le rezaron al dios pájaro para que les ayudará, pues él fue quien envió a la otra tribu. Frente a ellos se materializaron dos bolsas una contenía humildad y la otra conciencia. Lo repartieron entre ellos a partes iguales y cada uno fue a su aldea para darle un poco a cada persona. Con la humildad la tribu de Caricai entendió que no eran mejores o más especiales que los otros, simplemente todos eran humanos que debía compartir la selva. Con la conciencia la tribu de Yoripa entendió que las malas acciones tienen consecuencia, vieron el mal que había hecho y se sintieron apenados. Entonces, trabajaron todo junto para sacar adelante a la humanidad. Así sucedió, al poco tiempo Yoripa y Caricai tuvieron un hijo que les uniría aún más, pero cuando revisaron la bolsa con los dones del dios pájaro se dieron cuenta que la humildad y la conciencia se habían acabado.

Moraleja: Los número ocho son muy inteligentes y parecen tener todo resuelto. Pueden con su privilegiada mente obtener todo lo necesario en la vida, pero al relacionarse con otras personas se pueden mostrar poco humildes y faltos de conciencia en sus actos. Hay que enseñarles que trabajando en equipo todo puede ser mejor, si carecen de estas cualidades naturalmente habrá que mostrarles con el ejemplo.

Número 9

Representa los fenómenos paranormales, el porqué, los muertos, el descontrol, los misterios religiosos y la búsqueda de la verdad en Dios.

Características generales

El nueve nos habla del Alfa y el Omega, son el principio y el fin de las cosas. Los niños con base numerológica nueve son expresivos, comunicativos, dinámicos con gran capacidad de análisis, suelen ser el alma de las fiestas. En las escuelas se hacen ver y sentir, son extrovertidos. Captan rápido lo que en su entorno y vida está pasando.

Dan respuestas lógicas y de mucha interpretación. Son muy buenos para hacer amistades porque no les gusta estar solos. Son viajeros, amables, serviciales, muy cambiantes y algo dependientes. Son capaces de grandes triunfos, hacen llover en el desierto.

Su carácter impulsivo los lleva a tener unos rasgos negativos muy definitorios como la inestabilidad, les cuesta concretar objetivos. Muestran una faceta suya en la calle y: otra totalmente distinta en la casa. Intolerantes y egoístas, pueden destruir en un segundo lo que han tardado mucho tiempo en construir y luego se arrepienten. En un salón de clase son los niños que destacan por ser osados, correr riesgos y siempre querer la llamar la atención.

Tienen muchas cualidades positivas, por lo que sus opciones de carrera futura se amplían. En general se les da bien el trato con la gente porque son muy amables, el servicio a otros es a lo que deben dedicar su vida. En ese sentido, ser trabajadores sociales, maestros o formar parte de organizaciones benéficas les traerá grandes satisfacciones en la vida. La actuación es otro campo donde triunfan porque tienen la capacidad de cambiar de personalidad muy fácil.

Aspectos positivos para potenciar

Estos chicos son muy afortunados en la vida, pueden combinar una buena vida social junto a sus estudios de manera muy sencilla. Son buenos estudiantes, les gusta el trabajo en equipo, pero también pueden realizar cosas por si solos. Están dotados de una lógica que saben utilizar a su favor.

Algo que debemos tener muy presente es que son pequeños espontáneos, lo que les lleva a vivir muchas aventuras durante sus vidas. Es importante enseñarles a ser reflexivos. No hacer todo por simples impulsos porque eso trae consecuencias. Por ejemplo: salir del salón sin avisar a la maestra para ir a jugar. Hay que comentarles que jugar no está mal, pero hay un tiempo para todo y el colegio es para estudiar. Además, es primordial que avise a sus mayores dónde y qué está haciendo para evitar preocupaciones.

Sin embargo, esta aptitud les traerá beneficios si saben controlarla. La espontaneidad junto a su extrovertida personalidad los hará el centro de atención. Son niños con los que es divertido estar y qué siempre tienen algo interesante para contar. Van a ser amigos de todos.

Cultivar sus relaciones desde pequeños es bueno para ellos, los impulsa y da energía. Tendrá amigos que le motivaran a ser mejor. Dentro de un salón de clases captaran el interés de los maestros, quienes sentirán la necesidad de ayudarlos en el estudio y les darán oportunidades que a otros no.

Por otro lado, su mente es mucho más abierta al libre pensamiento. Cultivarán todo tipo de amistades y de esa forma entenderán otras realidades. Se darán cuenta que existe gente necesitada de ayuda. Esto es significativo para que descubran su vocación por ayudar a los demás. Son los niños que ves en un parque jugando, pero si ven a alguien caerse no se reirán, por el contrario van verificar si se encuentra bien.

Son niños muy trabajadores, tienen una energía que no les deja parar. No son hiperactivos como el número uno, pero se sienten inquietos cuando no están haciendo algo de provecho. Es probable que esto se deba a que les gusta ver siempre lo positivo de la vida y alguna manera saben que para tener algo o ser bueno en determinada actividad deben esforzarse. Las cosas no les llegan por casualidad. Hay que reforzar este tipo de pensamiento en ellos, simplemente hablándoles sobre cómo hay que ganarse todo en la vida. Son niños ordenados con tendencia a creer en la causalidad más que en la casualidad.

Aspectos negativos para cuidar

Uno de sus principales problemas es el exceso de energía mental. Cuando no la enfocamos hacia al trabajo se descontrolan y vuelven hiperactivos. Si combinamos esto con su tendencia ser espontáneos, tendremos niños impulsivos, frenéticos o maltratadores.

Un comportamiento peligroso, pues pueden golpear a otros niños en arrebatos de furia sin sentido. Hay que tenerlos siempre realizando alguna actividad para que puedan canalizar ese tipo de fuerza. Si no realizamos esto cuando son pequeños en su vida adulta se convierten en personas con problemas de ira. Pueden incluso llegar lesionar gente o destruir sus juguetes en un arranque de rabia. Lo curioso es que luego se arrepienten mucho de su comportamiento; piden muchas disculpas porque no saben qué pasó, literalmente, siente que: "Les entró el demonio".

Es importante reconocer a los niños nueve dentro del aula de clases. Siempre están queriendo llamar la atención y sus comportamientos disruptivos les pueden resultar divertidos a los otros niños, llegando a copiar sus aptitudes. Además, hay que estar pendiente de sus relaciones con los compañeros, porque si se molestan inesperadamente van a agredir a los demás niños. En la etapa preescolar son los que muerden, jalan cabellos y patean sin explicaciones.

Son malos para guardar secretos, les gusta hablar mucho y no logran contener la información. Pueden contar en la calle cosas privadas del hogar. Hay que reprenderlos por este comportamiento y enseñarlos a contener su verborrea. No se puede estar hablando sin parar en todo momento y todo lugar.

Hay que trabajar fuertemente la tolerancia y la paciencia porque son impacientes. Quieren que todo se haga rápido, a su manera. Si no lo obtiene pueden ser un poco agresivos debido a la impulsividad. Les gusta inventar cosas para salirse con la suya. Hay que controlar las mentiras y reafirmar mucho en casa que es mejor decir la verdad.

Para tener en cuenta

El nueve es número curioso, de mucha fuerza espiritual y mental, por lo que se meten en situaciones difíciles de explicar. Siempre es bueno tomar en consideración sus particularidades.

• Son niños muy activos, por lo que hay que controlarlos con diferentes actividades en su día a día, no les gusta sentir que pierden el tiempo.
• Una curiosidad de ellos y, por lo que siempre tienen algo para contar, es que les suceden cosas extrañas. Se suelen comparar con el Pato Lucas: "solo a ellos y al Pato Lucas les pasan esas cosas". La explicación a esto es que su energía natural atrae a los fenómenos paranormales y las situaciones de misterio.
• Pertenecen al grupo de personas parasimpáticas, se alteran o cambiar de humor de forma muy fácil. Tenemos que controlar sus cambios de humor para que no tengan problemas a nivel neurológico y puedan conservar sus relaciones. Para esto hay que ser cuidadoso con los estímulos que les proporcionamos, es mejor evitar programas de televisión, películas y videojuegos que tengan escenas violentas.
• Pueden romper sus cosas a manera de protesta. Cuando se activa el odio e irrespeto en ellos pierden el control de sus acciones.

Para esto es bueno realizar afirmaciones dentro de las casa: "Hoy es un día espectacular para ir a clases", por ejemplo. Hay que decirles la verdad y explicarles bien las cosas porque si no obtienen lo que quieren, pueden ser muy hirientes con los otros.
• No les gusta la oscuridad, ni estar solos, ya que suelen presenciar fácilmente fenómenos paranormales. Esto, como niños, les hace temer y los saca de su área de confort.
• Son niños a los que no se les puede mentir en cuestiones como espantos, fantasmas o El Coco. Son muy sensibles a estas cosas y si alguien alimenta sus miedos los convertiremos en pequeños muy inseguros con más tendencia a cambios repentinos de humor. No se deben asustar, hay que hablarles con la verdad siempre.

Ambiente ideal

Es imprescindible tener un espacio equilibrado, siempre en colores neutros para no activar mucho su energía mental. El orden contrarresta el caos que puede sobrevenir en ellos. No deberíamos dejarles demasiados objetos, es mejor una habitación simple, con el tiempo ellos agregaran sus toques personales. La puerta abierta es una necesidad, pues son de entrar y salir mucho de los espacios; además les ayuda a no sentir miedo si saben que pueden salir rápido a buscar a alguien para no estar solos.

Actividades deportivas y recreativas

Estos chicos pueden ser hiperactivos, así que el gasto de energía es necesario. Lo interesante es que su energía se concentra en su mente, eso hace necesarias otro tipo de actividades.

En la parte física puede funcionar muy bien en cualquier tipo de deportes. El Atletismo y las carreras les gustan porque son ejercicios que requieren trabajo, constancia y mucha resistencia mental. Si queremos que aprendan a trabajar con otros niños, a ser generosos, hay que buscar que hagan deportes de equipo que requieran participación conjunta: el Voleibol y el Baloncesto son más favorables para ellos.

Para su mente: el Ajedrez, el Monopolio, armar rompecabezas, requieren que se use mucho intelecto y por eso, les van a gustar muchísimo. La pintura, aprender a tocar un instrumento musical y aprender otros idiomas son actividades que los retarán, son muy buenas opciones para mantener en balance su fuerza intelectual.

En la parte espiritual

Es indudable que poseen dones espirituales. Sienten y presienten las cosas. El niño nueve está más ligado a fenómenos que otros números. Se pueden transformar en reyes de las artes esotéricas. Son chicos que te llegan a decir que están hablando o jugando con niños, amigos imaginarios, que nadie más puede ver. Lloran en las noches con frecuencia porque esas apariciones no les dejan dormir. No hay que espantarse ante estos comentarios o les generaremos inseguridad, lo mejor es actuar como si fuera algo normal.

Pueden establecer conexiones psíquicas con los demás. Siente que pueden viajar mientras duermen a otros planos. En definitiva están conectados con el universo, por ello, es bueno que tengan presente a sus antepasados. No es buena idea iniciarlos en creencias religiosas o rituales de cualquier tipo, porque son muy sensibles y pueden verse perjudicados a nivel mental. Otra cosa que los aqueja es el mal de ojo porque son esponjas que absorben cualquier tipo de energía.

Educación

Su inteligencia y competitividad les hará ser muy buenos estudiantes. Aunque debemos tomar algunas precauciones para que esto suceda. Primero hay que conocer a sus amigos, si están en un grupo con niños muy impulsivos o disruptivos esto acrecentará sus propios cambios de humor. Es buena idea que estén con niños número tres, siete y ocho porque de esa forma alguien les dará un propósito dentro del grupo.

Hay que establecer horarios para de estudiar y así puedan enfocarse. El nivel de atención de un niño no pasa de los 45 minutos, así que procuremos no pasarnos nosotros de ese límite. No obstante, al ser pequeños podemos dejarlos elegir el tema a estudiar de esa forma sentirán que tienen más libertad de elección.

Relación consigo mismo y otros niños

Se relacionan con los otros a través de la palabra. Es importante enseñarles prudencia, ya que su sinceridad puede rayar en la crueldad si no tiene cuidado. Van a cultivar muchas relaciones de amistad con otros niños, pero deben aprender a distinguir cuáles son verdaderas. Son muy buenos escuchando los problemas de otros, pero no comunicando los propios, esto le lleva a pedir mucho de sus relaciones a nivel emocional, pero sin lograr conectarse del todo. Hay que enseñarles a ser generosos para que puedan tener éxito creando lazos o de lo contrario creará amistades muy superficiales.

Historias para reflexionar

Amanda

La vida te lleva a transitar por caminos que rara vez imaginas, me pasa a mí, te pasa a ti y a todos los seres humanos de este planeta. El día que inscribí a mi hijo en clases de Karate, por mi mente no pasó que me involucraría en una situación tan insospechada. Pero me estoy adelantando, comencemos como se dice por el principio.

Mi hijo Elías necesitaba hacer una actividad deportiva. Desde que era pequeño notamos que tenía mucha energía y cuando tuvo edad suficiente investigué que hacer para canalizarla, mi indagación nos llevó una tarde a un Dojo. Allí mientras yo hablaba con los instructores para inscribir a Elías, él fue a ver que hacían los niños durante la práctica. Cuando salí de la oficina, mi pequeño conversaba sentado en el suelo con una niña.

Se llamaba Amanda. Era una niña de seis años muy linda, se presentó ante mí con hermosos modales y luego fue a terminar su entrenamiento. A Elías le caía muy bien, quería ser su compañero durante las clases. Volvimos al día siguiente para el primer día de entrenamiento, duraba unas dos horas y los padres podíamos esperar en una salita. Allí me encontré con Viviana, quien resultó ser la madre de Amanda. Trabamos amistad de inmediato.

El tiempo pasó, los niños hicieron una relación muy cercana, y por extensión Viviana y yo también. Los niños iban a jugar algunas tardes al parque o nuestras respectivas casas. Amanda tenía mucho carisma, era extrovertida y adoraba mostrarte lo que había hecho, desde la tarea hasta sus dibujos. Le agrada ser felicitada. Se lleva muy bien con mi hijo y ambos se impulsaban a ser mejores en karate.

Un día Amanda me mostró un dibujo de una casa, estaba bien, aunque le sugerí que agregará un jardín. Ella me miró fijamente, se dio la vuelta con el dibujo en sus manos y lo rompió en dos, luego hizo una bola con el papel que echo a la basura. No fue algo violento, pero si repentino. No supe qué pensar del incidente. La niña solo se fue a sentar otra vez y terminar otro dibujo.

Otro día, luego del entrenamiento, noté a mi hijo más callado de lo normal. Le pregunté si le había pasado algo. Me respondió que no le había sucedió nada malo, pero a Amanda sí. Ella estaba practicando patadas con el instructor cuando se equivocó y perdió el equilibrio. Se sentó en el piso acolchado del Dojo y con sus manos en puños comenzó a golpear el suelo diciendo no, no, no. El instructor trató de calmarla, ella solo lloró y tuvo que venir su mamá a tranquilizarla.

Al día siguiente llame a Viviana. Me preocupaba que mi hijo copiara esa aptitudes, así que le pregunté por el incidente. Ella respondió que Amanda se sentía mal del estómago y por eso, reaccionó exageradamente. No quise preguntar más.

En otra ocasión, los chicos jugaban en la casa de Viviana. Armaban casas con bloque de madera. Habían quedado muy bonitas, Amanda señalaba la suya y sonreía. Su mamá notó que olvidó ponerle la puerta y se lo dijo. De nuevo algo extraño sucedió. La niña apretó sus ojos y puños, se acercó a la casita y la destruyó con golpes y patadas, después corrió gritando a la casa y se encerró en su cuarto. Su mamá la persiguió, pero no logró calmarla por completo y se quedó llorando en su habitación.

No había necesidad de decir nada. Con una mirada supe que Viviana estaba por desmoronarse. Deje a Elías en la sala viendo televisión y nos refugiamos en la cocina. Viviana me confeso que este era un comportamiento habitual en la niña y ya no sabía qué más hacer. Todo empezó cuando era más pequeña.

El padre de Amanda era un hombre estricto de poca paciencia. Cuando la niña se portaba mal él la reprendía muy fuerte, le gritaba y a veces le pegaba. Amanda siempre corría a su cuarto. Cerraba la puerta y golpeaba su cabeza repetidamente contra esta. Luego, corría por la habitación tumbando todos los juguetes. Una vez usó tanta fuerza que la peinadora se volcó y el espejo se quebró al chocar con el suelo. Amanda tomó uno de los pedazos de vidrio y empezó a cortarse la piel de los brazos, sus heridas comenzaron a sangrar mucho. Afortunadamente, su madre entro a tiempo para evitar algo peor.

Qué podía yo decir, qué puede otra persona hacer para ayudar a los hijos de otra familia. Solo pude contar en ese momento con mi conocimiento de los números. Así se lo comenté a Viviana. Con unos datos básicos determiné que Amanda contaba con un fuerte nueve en su número base. Le expliqué de forma superficial que su niña debía controlar la ira, así como la tendencia al perfeccionismo, porque esas eran sus debilidades y probablemente lo que causaba sus ataques. Lo mejor era realizar un estudio completo de ella, pero debía estar presente su padre. Viviana se sintió identificada con la descripción que di de su hija y dijo que lo consultaría con su esposo.

A los pocos días nos encontramos en la sala de espera del Dojo. Le pregunte qué tal estaba y si había hablado con su esposo. Ella se puso pálida, bajó la mirada y con palabras bajas me dijo que su esposo era evangélico y no le gustaban esa clase de cosas. Cuando le contó lo sucedido con Amanda y mi recomendación su respuesta fue decir que prefería ver muerta a su hija con la cabeza partida, antes de involucrarla con cosas del demonio.

De nuevo no supe que decir, ya que la numerología no es una religión. Hice de tripas corazón y de la manera más cálida posible le dije a Viviana que no se preocupará. Podía intentar otros caminos que agradaran a su esposo y que Amanda saldría adelante, pero que ella como su madre debía hacer algo.

Seguimos con nuestras vidas, el tiempo, el trabajo, la familia y el estudio se llevaron los meses. Los niños continuaron su amistad y Amanda siguió siendo la misma. Hasta que un día no fue más al karate, pasaron dos, tres y cuatro prácticas sin que apareciera. Elías se preguntaba por qué no aparecía. Así que tuve que llamar Viviana. Contestó el teléfono entre sollozos.

Amanda dejó caer el celular de su papá y la pantalla se partió en mil pedazos. El padre en su furia le pegó y le gritó. La mandaron a su cuarto como castigo durante toda la noche. Pero Amanda no se fue a su cuarto. Durante esos días su abuela estaba de visita, debido a su vejez se acostaba temprano y tomaba pastillas para poder dormir, por eso no se enteró del escándalo que se armó en la casa. Amanda entró a su habitación buscando consuelo, pero su abuela no podía ayudarla en ese momento. La niña fijó su mira en la mesita de noche repleta de frascos. Agarró uno y se tomó todas las pastillas que contenía. Luego se acostó a un lado de su abuela. Nadie lo notó hasta muy entrada la noche. Sus padres creían que estaba en su cuarto armando sus típicos berrinches y cuando su mamá fue a verla antes de dormir se dio cuenta que no estaba. La buscó en los demás cuartos hasta encontrarla inconsciente junto a la abuela. Amanda estaba viva, los niños pueden ser muy fuertes, pero terminó en cuidados intensivos.

Antes de terminar la llamada Viviana me dijo que ahora su esposo quería probar todo para ayudar a su hija y que cuando se recuperara irían a verme. Así lo hicieron. Al día de hoy Amanda es una niña equilibrada, sin ataques de ira o cambios repentinos de ánimo. Y sus padres dan conferencias sobre numerología en varios países.

Moraleja: La historia de Amanda nos habla de cómo a veces los adultos no sabemos manejar las situaciones y por aferrarnos a que todo es normal podemos dejar pasar las oportunidades de mejorar. Amanda era niña que actuaba según su numerología nueve, pero con trabajo logro controlar su carácter.

Los hermanos

Existió una vez un Rey con muchas tierras, pero ya era viejo y no podía cuidarlas todas. Así que mandó a uno de sus nueve hijos a cuidar el pueblo más lejano. Había rumores de que se encontraba en caos, pues los bandidos asaltaban todo el tiempo a los pobladores despojándoles de sus cosechas. Su hijo menor fue el indicado. Es muy inteligente, le gusta poner orden y se llevará bien con las personas de esas tierras, pensó.

Pasaron los meses y llegaron noticias. El hijo menor pudo resolver los problemas de los pobladores, pero surgieron rumores de un hombre violento que destruía todo a su paso cuando no se hacía su voluntad. El Rey estaba orgulloso del orden que su hijo logró para el pueblo, pero le inquietaba los rumores. No quería que su pequeño tuviera problemas con aquel hombre del cual se hablaba tanto. Entonces, envió a su hijo mayor para que visitara a su hermano. El mayor tenía el don de la creación, era un hombre de ideas más que soluciones, pero con esa mentalidad sería de ayuda para su hermano, podrían desarrollar proyectos y soluciones para resolver los problemas que surgieran el pueblo.

Con ambos hermanos reunidos la región prosperó aún más. Sin embargo, el mayor notó que su hermano pequeño siempre quería tener la última palabra en todas las decisiones. Construyeron un acueducto, repartieron semilla a los agricultores y repararon los caminos. Los elogios hacían sentir muy bien al menor y hasta que un día un poblador común les recomendó usar otros materiales para los caminos, les dijo que todo quedaría mejor si seguían su consejo. El hermano mayor era feliz de aceptar la idea, pero el menor ordenó azotar al hombre por su osadía de criticar su obra.

Entonces, el menor entendió que el hombre violento que quería siempre hacer su voluntad era su hermano. A llegar a su casa, le habló con cariño sobre la situación y cómo el pequeño debía cambiar por el bien del pueblo, su padre, su familia y él mismo. El menor se volvió a encolerizar y golpeó al mayor en la cabeza con tanta furia que lo mato. Una vez pasó su rabia, el hermano menor lloró de tristeza porque había matado a su hermano sin querer.

Moraleja: Los números nueve pueden lograr grandes cosas cuando tiene las ideas adecuadas, pero no reaccionan bien a las críticas, aunque estas sean positivas. Deben controlar su carácter o pueden ocasionar tragedias.

Parte III
Anexos

Anexos

Posibles enfermedades según la numerología

La realidad es que los niños se enferman. No podemos cerrar nuestros ojos y decir: "A mi hijo no le va pasar", pues, lo cierto es que todos somos propensos a ciertas enfermedades. La relación de los números con la energía también revela en qué áreas los niños están predispuestos a estar afectados.

Quiero dejar claro que la lista que más abajo encontrarás no es un decreto. Es, al igual que todo el contenido de este libro, una posibilidad. Si tomamos las precauciones necesarias y controlamos las causas, nuestros hijos serán pequeños saludables. Sin embargo, te recuerdo que ser pequeños no va impedir que puedan capturar un virus o una gripe, de hecho son propensos a esto. Tengamos en mente que para todo problema existe una solución y confiemos que hoy en día existe una gran cantidad de medicinas y vacunas que nos ayudan tanto a sanar como prevenir.

Número base	Posibles enfermedades	Por qué se da la incidencia
1	Cuidar los órganos del cerebro y el corazón. Enfermedades hepáticas. Locuras transitorias, padecimientos psicológicos	Son niños que usan mucho su cerebro. Su imaginación hace trabajar más su hemisferio derecho. Las emociones que experimentan son fuertes, amores y odios afectan órganos importantes como el corazón.
2	Cuidar en especial los ojos; órganos como: los riñones, los ovarios las extremidades y los pulmones.	El órgano que más usan son los ojos y en ellos se origina un desgaste. Tienen que cuidar mucho su visión.
3	Todo lo que involucra el sistema circulatorio, la hipertensión, la hipotensión y alergia en general. Además, enfermedades del aparato reproductor femenino y masculino.	Su tendencia a controlar todo los empuja a acumular estrés, lo que resulta en enfermedades circulatorias y del corazón

Número base	Posibles enfermedades	Por qué se da la incidencia
4	El sistema reproductivo. Cuidar el colon, el páncreas. Puede padecer de diabetes o cáncer.	Son muy curiosos con su cuerpo. Comienza a explorar y experimentar sin cuidado en su juventud. Eso puede afectar a largo plazo sus órganos.
5	Pueden sufrir soplos en el corazón. Hipertensión e hipotensión. Enfermedades del sistema circulatorio. Atención especial a la diabetes.	El fácil acceso a comida, azúcar, drogas y alcohol, es la causa más frecuente para sus enfermedades.
6	Los padecimientos psicológicos son los más comunes. El estrés escolar y luego laboral. Hipertensión.	Sus enfermedades se derivan de su necesidad de trabajar en exceso. Además, el gusto por el dinero los lleva a abuso de bebidas y alimentos
7	Hernias discales, desviación en la columna. Artritis, problemas del colon, depresión y migraña.	Los problemas deben solucionarse para ellos, es la consecuencia de ser líderes, por eso, acumulan todo el estrés en su espalda y hombros.
8	Pueden tener problemas de depresión, migraña. Los problemas de tipo neurológico como el Alzheimer y Parkinson también pueden presentarse.	Sus enfermedades vienen dadas por su tendencia a usar mucho su mente, su cerebro y neuronas son vulnerables
9	Las enfermedades de la mente y la esquizofrenia tienen incidencia en este número.	Se activa mucho en ellos los nervios parasimpáticos

Antes de despedirme...

Espero que esta información les haya sido útil y no quiero despedirme de ustedes sin invitarlos a revisar mi próximo libro donde me enfocaré en la numerología para las parejas y trabajaremos otras áreas y planos tales como:

- El plano espiritual
- El plano astral
- La zona de pareja o de familia
- El área de la sexualidad
- El área de las enfermedades

Sobre estas áreas hablaremos en la siguiente oportunidad.

Hasta luego,
Nelson Ramírez

Índice

Introducción   3
Parte I: Los Fundamentos
La numerología 8
    Plano físico o espiritual 10
    Plano mental 11
    El número base 11
    Zona de convergencia 12
Método para calcular la numerología de los niños 13
    El árbol de la vida 15
Parte II: El significado de los números
Número 1..19
    Características generales 19
    Aspectos positivos para potenciar 19
    Aspectos negativos para cuidar 20
    Para tener en cuenta 22
    Ambiente ideal 23
    Actividades deportivas y recreativas 23
    En la parte espiritual...24
    Educación 25
    Relación consigo mismo y otros niños..................................25
    Historias para reflexionar 26
        La mariposa que voló antes de tiempo 26
        La mariposa que soñó antes de pensar.........................27

Número 2..30
    Características generales 30
    Aspectos positivos para potenciar 30
    Aspectos negativos para cuidar 31
    Para tener en cuenta 33
    Ambiente ideal...34
    Actividades deportivas y recreativas 34

En la parte espiritual 35
Educación 35
Relación consigo mismo y otros niños 36
Historias para reflexionar 37
    Los lobos 37
    Martha y Gabriela 40

Número 3 43
    Características generales 43
    Aspectos positivos para potenciar 43
    Aspectos negativos para cuidar 44
    Para tener en cuenta 45
    Ambiente ideal 46
    Actividades deportivas y recreativas 47
    En la parte espiritual 47
    Educación 47
    Relación consigo mismo y otros niños 48
    Historias para reflexionar 48
        El perro fiel y su amo 48
        El control remoto 52

Número 4 55
    Características generales 55
    Aspectos positivos para potenciar 56
    Aspectos negativos para cuidar 56
    Para tener en cuenta 57
    Ambiente ideal 58
    Actividades deportivas y recreativas 59
    En la parte espiritual 59
    Educación 60
    Relación consigo mismo y otros niños 61
    Historias para reflexionar 61
        El número 4 en la tierra 62
        El niño bullying 63

Número 5 66

Características generales 66
   Aspectos positivos para potenciar 67
   Aspectos negativos para cuidar 68
   Para tener en cuenta 69
   Ambiente ideal 69
   Actividades deportivas y recreativas 70
   En la parte espiritual 71
   Educación 71
   Relación consigo mismo y otros niños 71
   Historias para reflexionar 72
      La flor perfecta 72
      El abuelo 73
Número 6 76
   Características generales 76
   Aspectos positivos para potenciar 76
   Aspectos negativos para cuidar 77
   Para tener en cuenta 78
   Ambiente ideal 79
   Actividades deportivas y recreativas 79
   En la parte espiritual 80
   Educación 80
   Relación consigo mismo y otros niños 81
   Historias para reflexionar 81
      El zorro astuto 81
      Pedrito y los caramelos 84
Número 7 85
   Características generales 85
   Aspectos negativos para cuidar 87
   Para tener en cuenta 88
   Ambiente ideal 88
   Actividades deportivas y recreativas 89
   En la parte espiritual 90
   Educación 90

- Relación consigo mismo y otros niños 91
- Historias para reflexionar 91
  - Rebecca 91
  - ¿Qué es el amor? 94

Número 8 96
- Características generales 96
- Aspectos positivos para potenciar 97
- Aspectos negativos para cuidar 98
- Para tener en cuenta 99
- Ambiente ideal 100
- Actividades deportivas y recreativas 100
- En la parte espiritual 101
- Educación 101
- Relación consigo mismo y otros niños 102
- Historias para reflexionar 102
  - El esfuerzo 102
  - Las dos tribus 105

Número 9 109
- Características generales 109
- Aspectos positivos para potenciar 110
- Aspectos negativos para cuidar 111
- Para tener en cuenta 112
- Ambiente ideal 113
- Actividades deportivas y recreativas 113
- En la parte espiritual 114
- Educación 114
- Relación consigo mismo y otros niños 115
- Historias para reflexionar 115
  - Amanda 115
  - Los hermanos 119

Parte III: Anexos
Posibles enfermedades según la numerología 121

Antes de despedirme… 124

www.ingramcontent.com/pod-product-compliance
Lightning Source LLC
Chambersburg PA
CBHW051945160426
43198CB00013B/2310